Exquisite Tech, Korean Astrology - THE LEESOO BAZI ART 'OJASUL'**
→이수명리 '오자술' 기초응용

★ ★

행운을 부르는 특급비결

| 김상회 지음 |

Kim Sang-Hoe's *Easy-to-use The Key to Happiness

장서원 도서출판

행운을 부르는 특급 비밀

첫판 1쇄 2009년 11월 30일

지은이 김상회

펴낸이 장석홍

펴낸곳 도서출판 장서원

141-160 서울 용산구 남영동 7-1(201호)

전화 703-5362 팩스 797-5362

등록 제 01-01213호

shjang1011@hanmail.net

정가 15000원

파본 된 책은 바꿔드립니다.

감사의 글

이 책의 출간을 전격적으로 지원해 주신 (재)법왕청 불교신문사 이수 회장님과 도서출판 장서원 장석홍 사장님, 그리고 저를 역학계로 처음 인도해 주신 홍종근 선생님과 따뜻한 가르침을 주신 단원 이병렬 선생님께 고개 숙여 감사의 인사 올립니다.

또한 우인을 언제나 격려하고 성원해 주시는 (사)역술인협회 백운산 회장님과 이수명리의 '오자술' 첨단기법을 귀띔하고 교열해 준 홍영민 대표에게 지면을 빌어 사의를 표합니다.

김상회 배례

지은이 김상회

김상회역학연구원 원장
(사)한국역술인협회 중앙부회장
세계일보 칼럼니스트
일간 메트로 칼럼니스트

추천의 글

“행운을 부르는 특급비결”의 출판에 앞서 집필하시느라 노고하신 김상회 부회장님에게 위로와 함께 진심으로 감사의 말씀을 드리며 아름답고 온화하며 청순하기만 했던 저자 김상회 부회장이 어느 듯 불혹을 넘어 知天命에 접어들었다는 말씀에 세월의 무상함을 새삼 느낍니다.

추천인과 함께 역학자로서 함께 해 온 著者는 언제나 곧은 심성으로 역학의 중흥과 발전을 위해 심혈을 기울였고 집필하신 저서 또한 대중과 함께 삶의 애한을 독창적으로 서술하였기에 더욱 유익한 圖書라고 讚辭를 보냅니다.

그동안 김 부회장님은 각 言論에 역학 학문과 운명에 대하여 주옥같은 수많은 글을 寄稿하였지만 특히 이번에 출판하는 "행운을 부르는 특급비결"은 각 장르마다 알기 쉽게 기술하고 대중에게 다가가려 노력한 흔적이 고스란히 묻어 있기에 출판에 앞서 유익한 圖書임을 확신하며 아낌없는 찬사와 함께 다 함께 꼭 구입해 정독해 주십사 하는 마음을 담아 추천을 드립니다.

2009년 9월

사단법인 한국역술인협회

사단법인 한국역리학회

중앙회장 백 운 산

목차

머리말

필자가 정해(丁亥)생이니 어느덧 불혹을 넘어 지천명이 됐습니다. 돌아보니 저의 뒷모습이 참으로 보잘 것 없다는 생각이 듭니다. 안동 김씨 가문에서 제가 태어나던 즈음은 성균관 전교를 지내셨던 할아버지는 충북 일대 천석지기의 지주였고, 아버지는 짧은 기간 군 장교로 복무하신 후 귀향했을 때입니다. 외할아버지는 한의사로 명망이 높으신 분이셨고 어머니는 교직에 계셨습니다. 어쨌든 어려서부터 주위 사람들의 부러움과 사랑을 한 몸에 받고 자란 행운아로 부족함이 없었던 시절을 보낸 것 같습니다. 초등학교 시절에는 청주 KBS의 어린이 합창단원으로 분주하게 활동했던 기억이 선명합니다. 초등

학교를 졸업하고 충북여중에 입학하면서부터는 그림그리기에 몰두했습니다. 성장기에 상복이 따라서인지 음악과 미술 부문에서 수차 전국대회에 입상하면서 자연스레 예능 계통으로의 진로를 꿈꾸게 됐습니다. 고등학교 재학 시절부터 가세가 기울면서 한 번도 의심치 않았던 진로와 장밋빛 미래에 대한 확신이 조금씩 흔들리기 시작했습니다. 질풍노도의 사춘기에 저는 좀 겁을 먹었던 것 같습니다. 정신적 방황이 이어지며 학교와 친구들이 싫어졌고 학업을 팽개치기 시작했습니다. 졸업 후에 청주대 미대로 진학했으나 가족의 반대가 심했습니다. 특히 오빠가 나서서 재수를 강권하는 바람에 학업이 중단됐고 이후로 점차 절제를 잃어갔습니다. 그러자 딸의 미래를 걱정한 어머니의 취업 권유가 이어졌습니다. 이를 계기로 저는 작은 아버지가 은행장으로 재직 중이던 충북은행에 입사하게 됐습니다. 소망하던 미술 학도와는 거리가 멀어지게 된 것입니다.

은행에 입사한지 채 얼마 되지 않아 전국의 각 은행을 대표하는 미스 스마일을 뽑는 행사가 요란하게 벌어졌습니다. 우리 은행에서는 제가 초대 미스 스마일 퀸이 되는 영예가 주어졌습니다. 이로써 주인 의식을 갖지 않을 수 없게 된 저는 내면을 가꾸고 소양을 기르는데 힘쓰기 시작했습니다. 연잇는 인터뷰와 공식 일정이 이어졌고, 잡지의 표지 모델이나 방송 전파를 타면서 일종의 스타 의식을 갖게 되었던 것 같습니다. 어느 장소, 어느 집단에서건 스포트라이트를 받는 인기를 끄는 존재라는 생각에 때때로 우쭐한 심사가 작용했을 테지요. 당시에 저는 사람들의 수많은 프러포즈나 환대에도 행실에 신중을 기하는 요조숙녀로 나날이 변모해갔던 것 같습니다. 하지만 직장 생활은 그리 오래도록 이어지지 못했습니다. 1986년 은행을 퇴직하고 상경하여 그동안 모은 종자돈으로 강남 한복판에 고급 룸싸롱을 차렸습니다. 주변 사람들 모두 제가 여간내기가 아니라는 생각이 들 만큼 사건이었는데 의외로 이 방면에 수완이 있었던 것 같습니다. 보통 사람들이 상상하기 어려운 큰돈을 만졌고 방만한 지출이 이어졌습니다. 이때 저는 가수로 대중의 스타로 나아가려는 속된 야심을 키우기도 했습니다. 아주 어렸을 때 길을 가는 피부가 하얗고 눈이 큰 어린 여자아이를 보고 어느 할아버지가 "너는 참으로 황진이를 닮았구나"라고 쓰다듬어 주었던 기억이 오래토록 뇌리를 떠나지 않더니 마치 제 삶이 그렇게 정해진 것만 같았습니다. 이 무렵에는 꿈같은 사랑을 경험하기도 했습니다. 하지만 운명의 장난처럼 사랑하던 사람이 사고로 유명을 달리하는 슬픈 추억만 남겼습니다. 한동안 방황과 좌절의 시간을 보내다 새로운 연분을 만나 결혼을 하게 됐지만 2년을 채우지 못하고 파경을 맞았습니다. 이로써 타고난 삶의 여정이 순탄치 않을 거란 짙은 예감이 폭풍처럼 밀려오기 시작했습니다.

사람들은 행복과 불운이 꼬아 놓은 새끼줄과 같다는 점을 망각하고 삽니다. 행운이 영원할 것이라는 착각에 싸이기도 하고, 불행하면 그것으로 끝날 것 같은 불안에서 벗어나지 못하기도 합니다. 아무런 삶의 의욕도 없이 평생을 독신으로 지내기를 작정할 즈음 어느 여인이 주기적으로 계속 꿈에 나타났습니다. 여인은 찰랑찰랑한 생머리에 생생한 숨결과 검은 눈망울을 지닌 20대 중반의 아름다운 모습이었습니다. 여인은 항상 바닥에 다리를 곧게 펴고 앉은 채로 가슴을 만지며 아프다고 하고, 무릎을 두드리며 원통함을 호소했습니다. 그리고 자신의 한을 풀어 달라고 끝없이 요청하기에 그러기를 수락했습니다. 비록 꿈속이지만 비용이 만만찮게 들 일일 것 같아 5년 안에 약속을 지키겠다고 말했습니다. 나중에 알게 된 사실이지만 꿈속의 여인은 아버지의 첫 사랑이자

첫 연분이었음을 알게 됐습니다. 그 분이 젊은 나이에 류마티스 관절염과 폐결핵의 합병증으로 결혼 생활 2년이 안 돼 돌아가셨다는 사실을 들었습니다. 결국 아버지와 함께 그 분의 무덤을 찾기도 했는데 5년의 세월이 지나도록 아무런 조치도 하지 않았습니다. 그러다 아버지가 백수를 누리지 못하고 세상을 떠나시자 깊은 슬픔에 잠겨 꿈속에서 어느 영혼과 한 약속을 지키지 못했다는 자책감과 회한이 밀려왔습니다. 작은 아버지와 상의해서 그 여인의 무덤을 찾았더니 그곳은 택지개발이 한창이라 묘지를 이장하는 중이었는데 마침 며칠 간 비가 와서 사흘 간 공사가 중단됐다가 마지막으로 남은 여인의 묘를 가매장할 예정이었습니다. 오랜 세월이 흘러 여인이 꿈에서 부탁한 그대로 털끝 하나까지 수습해 새로 장례를 모시는 절차에 따라 양지바른 곳에 이장했습니다. 꿈에서 여인이 제게 한 예언들을 되짚어 보며 감탄과 후회를 동시에 하지 않을 수 없었습니다. 제가 역리(易理)를 공부하게 되고 또 술업을 하며 많은 이들과 더불어 봉사의 삶을 영위하는 제2의 인생이 시작됨을 이미 점지 받았던 것입니다.

아직 여러모로 미력한 필자는 세상 사람들이 역의 이치를 통해 마음이 편해지고 화목한 가정을 이루기를 소망합니다. 역학이란 우리의 인류 역사가 시작되고 인간의 지혜가 발달하면서 끊임없이 규칙적으로 변화하는 자연의 이치를 깨달아 만들어 낸 자연과학으로 더욱 뚜렷한 성과를 내는데 뜻을 모으고 힘을 보태고자 합니다. 이 책의 출간도 조그만 몸짓에 지나지 않지만 봉사하고 돕는 선한 파장의 기운을 더할 것을 믿어 의심치 않습니다. 꿈은 이루어지고 시작은 곧 반이기 때문입니다.

기축년 중추절 충정로에서

김상회

일러두기

☞ 일반 독자

이 책은 일반 독자들이 각자 자신의 태어난 해, 생년 '띠'만 알면 누구나 쉽게 행운을 잡는 비결을 알 수 있도록 16개의 실용적 설명문으로 구성되어 있습니다.

☞ 역학 동호인

본문 설명의 배경이 되는 학문적 바탕은 이수명리(李修命理)의 최근 발표작인 '오자술(五字術)' 기초가 되는 십이신살의 원리 이해와 포태물상의 합작(合作) 키워드로 전문 학습자들의 이해 강화를 위해 필요한 각주(脚註:Master's Tip)를 달아 두고 있습니다.

1. 개운의 시작, 잠을 잘 자야

"뜻이 있는데 길이 있다"는 말과 같이 뜻을 세워서 신념을 갖고 노력하면 세상에 안 되는 일이 없다고들 하지만 세상에는 되는 일보다 안 되는 일들이 더 많다. 그래서 언제나 모든 일에 최선을 다하고 정 뜻대로 안 되는 것이 있다면 담담하게 받아들일 줄 아는 자세가 필요하다. 그런데 일이 풀리지 않는 간단한 이유를 몰라서 고통을 받는다면 이 또한 큰 불행이 아닐 수 없다. 독자들은 먼저 잠을 자는 자세와 습관부터 점검해 볼 필요가 있다. 보통 현실이 고달프거나 저조한 사람들은 거의 예외 없이 천살(天煞) 방향으로 머리를 두고 잔다. 반면 여

유 있고 활기찬 사람은 잠자는 방향, 즉 두침(頭寢)이 반안(攀鞍) 방향일 때가 많다.

풍수에서는 특히 잠자는 머리 방향을 중요하게 살핀다. 방문이나 화장실 쪽으로 머리를 두지 않는다. 두침 방향이 좋으면 수면하는 동안 자연 에너지를 한껏 흡수하여 건강한 삶을 도모할 수 있다고 본다. 보통 두침 방향은 남쪽이 좋다고 말하는데 이 보다 더 나은 방향은 침실 창문 쪽을 향하서나 침실 방문을 약간 대각선으로 바라보며 자는 것이 좋다는 것이다. 하지만 극히 원론적인 설명을 제외하고는 이론이 각각이고, 체계적인 논리가 결여되어 있다. 풍수에서는 공간을 8등분으로 분할한 8방위로 길방과 흉방을 설명하지만 이것은 어디까지나 배치, 위(位)의 문제다.

배치 못지않게 더 중요한 방향, 향(向)의 문제는 공간을 12등분한 12방위 이론을 적용해야 옳다. 다시 말해 십이지지 각각에 배당된 방위부터 알아두는 게 좋다. 구분하면 자(子)는 정북쪽, 축(丑)은 북북동, 인(寅)은 동동북, 묘(卯)는 정동쪽, 진(辰)은 동동남, 사(巳)는 남남동, 오(午)는 정남쪽, 미(未)는 남남서, 신(申)은 서서남, 유(酉)는 정서쪽, 술(戌)은 서서북, 해(亥)는 북북서 방위가 된다. 이보다 쉽게 방향을 파악하는 방법이 있다. 시계의 12시 방향을 나침반의 정북에 맞추었을 때 12시 방향이 곧 자방(子方)이 된다. 그러면 丑은 1시, 寅은 2시, 卯는 3시, 辰은 4시, 巳는 5시, 午는 6시, 未는 7시, 申은 8시, 酉는 9시, 戌은 10시, 亥는 11시 방향으로 정해진다.

방위의 길흉은 모든 사람에게 일괄적으로 적용되는 게 아니다. 그렇다면 각자의 천살 방위와 반안 방위를 알아두는 게 급선무다. 먼저 태어난 해의 열 두 띠를 기준으로 각각 셋씩 묶어 네 그룹을 만드는데 이상은 목명(木命), 화명(火命), 금명(金命), 수명(水命)으로 구분한다. 목명은 해묘미(亥卯未)로 '돼지, 토끼, 양'띠에 해당하는 사람들을 말한다. 화명은 인오술(寅午戌)로 '범, 말, 개'띠를 말하고, 금명은 사유축(巳酉丑)의 '뱀, 닭, 소'띠 생을 일컫는 말이다. 수명은 신자진(申子辰)의 '원숭이, 쥐, 용' 띠가 해당된다. 목명은 진(辰)이 반안이 되고, 술(戌)이 천살이다. 화명은 미(未)가 반안이고 축(丑)이 천살이다. 금명은 술(戌)이 반안이고 진(辰)이 천살이다. 수명은 축(丑)이 반안이고, 미(未)가 천살이다. 예컨대 시계의 12시 방향을 정북(正北)에 맞추었을 때 목명은 4시 방향으로 머리를 두고 자는 게 최선이다. 반대로 10시 방향으로 두침(頭寢)한다면 저조한 운기가 이어진다. 개운(開

運)과 폐운(閉運)이 이처럼 잠자는 방향으로 시작된다는 설은 쉽게 수긍하기 어려운 말일지도 모른다. 그러나 "잠자는 방향으로 운이 바뀐다"거나 "방향을 바꾸면 운이 열린다"는 역학계에서 일반적으로 인정되고 있는 설이다. 반안 방향으로 잠을 자라. 조만간에 복성(福星)의 기운을 받아 소원이 이루어질 것이다.

Master's Tip - 1 ≥

1.

십이신살의 응용에서 개운(開運)과 폐운(閉運)을 결정짓는 두 방위로 반안과 천살이 곧잘 회자된다.

반안의 지장간을 육신 분할하면 여기에는 정신기(精神氣) 삼자(三者)인 인수(印綬), 정(精)과 양인(羊刃), 기(氣), 그리고 식재관(食財官)의 신(神)이 균등하게 배당되어 있음을 알 수 있다. 이수명리에서는 이 점에 근거하여 신살론(神煞論)이 사상(四象)과 오행(五行)이 유기적으로 조화된 특별한 이론 체계임을 강조한다.

마찬가지로 천살에는 예외 없이 관록을 해치는 상관

(傷官)의 기운이 작동하고 있음을 발견할 수 있다.

2.

이수학파의 최근 이론에 의하면 "반안 방향으로 머리를 두고 자는 것이 모두에게 무조건 이로운 것은 아니다"라는 것이다. 팔자술이나 오자술로 세워진 사주에 반안의 글자와 형충(刑沖)되는 글자가 있을 때면 '실자입고(實字入庫, 암신개고(暗神開庫)'의 원리 현상에 따라 이롭고, 해로운 경우가 따로 있다는 것이다. 또 합(合)으로 구제되는 경우도 신중히 살펴 취한다. 반면 천살은 예외없이 불리하므로 이 방향으로의 두침(頭枕)은 삼가는 게 바람직하다. 일반 독자들의 경우라면 일단 반안 방향으로 두침하여 쾌적한 수면이 취해지면 이 방향을 행운의 방향으로 믿어 무방하다. 이와 달리 사나운 꿈자리가 이어지거나 잠을 설치는 현상이 계속되면 두침 방향의 교정을 가하는 게 좋다.

3.

방위 이론에는 위(位)와 향(向), 즉 좌위(坐位)와 좌향(坐向)의 두 가지 개념이 존재하는데, 위는 사물을 배치하는 영역의 문제고 향은 머리나 시선이 향하는 방향을 말한다. '위'는 풍수의 양택 8방위가 적용되고 '향'은 주로 십이신살의 12방위가 적용된다. 이 책에서는 '향'을 보다 중점적으로 다루고 있다.

8방위는 '동쪽, 서쪽, 남쪽, 북쪽, 동북, 동남, 서북, 서남'의 영역으로 다음과 같이 구분된다.

12방위는 12지지를 각 30도씩 분할하여 배당하여 영역을 정한 것으로 다음과 같다.

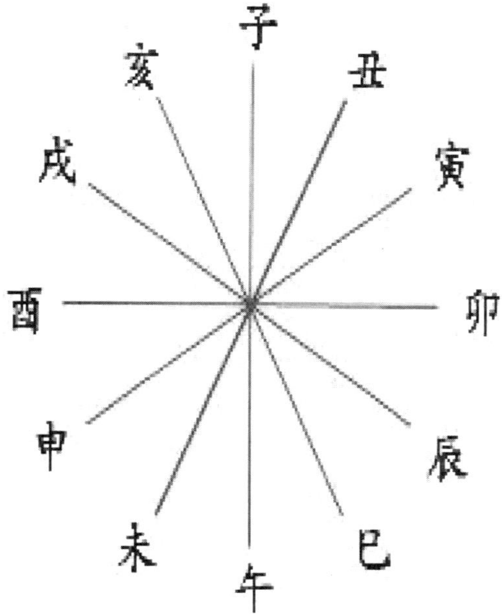

4.

이수학파의 방위이론 요체는 다음과 같다. 지면에 사물을 배치할 때는 자북(磁北)을 기준으로 길흉을 가린다. 한편 공간의 방향 길흉을 살펴 적용할 때는 정북(正北)을 기준으로 정한다. 다시 말해 이 책에서 주로 설명하는 방위(방향)의 길흉 이론은 모두 정북(正北)을 자수(子水)의 방향으로 설정하는 게 원칙이다.

배치(位)	팔방위(八方位)	자북(磁北)
방향(向)	십이방(十二方)	정북(正北)

5.

나침반이 없을 경우 낮에 시계를 이용하여 태양의 위치로 방위의 방향을 확인하는 방법이 있다. 시침을 태양쪽으로 향한 후 시침바늘과 12시 사이의 중간이 남쪽 방향이 된다.

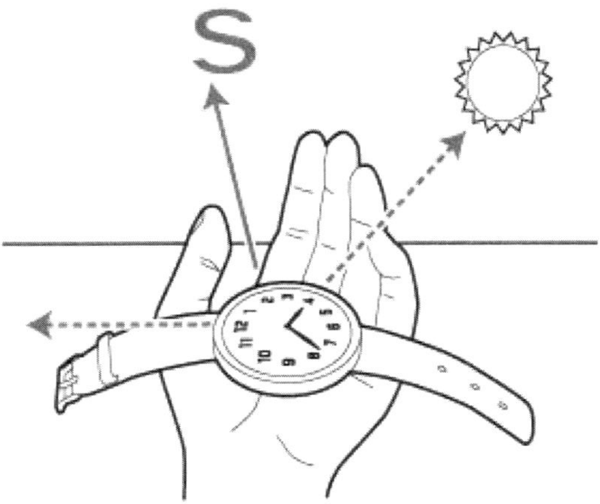

2. 기도와 소원, 통하는 방향으로

운이 열리고, 닫히는 시발점이 잠자는 방향에 달렸다고 설명한 바 있다. 선인들이 말하길 병(病)이 나는 원인은 한 마디로 '음식과 취침'에 있다고 했다. 이 말은 실제로 증명되는 얘기다. 많은 사람들이 행운은 조상(祖上)이 주는 선물로 여긴다. 여기에는 여러 가지 이견이 있을 법하지만, 어쨌든 조상에게 제사를 올리는 예법과 절차는 매우 소중한 문화유산이다. 제사를 지낼 때는 집안의 종손을 기준으로 반드시 천살(天煞) 방향으로 절을 올려야 한다. 의도적이 아니라 해도 천살 방향으로 제사 음식을 차리고 절을 하면 그 집안과 가족에는 난치병자가 발생하는 경우가 거의 없다. 종손이 '돼지, 토끼, 양' 띠에 해당하면 술(戌)이 천살이고, '범, 말, 개'띠라면 축(丑)이 천살이다. '뱀, 닭, 소'띠 생은 진(辰)이 천살이고 '원숭이, 쥐, 용' 띠에게는 미(未)가 천살이다. 시계의 12시 방향을 정북(正北)에 맞추었을 때 종손이 '돼지, 토끼, 양'띠의 해당하면 술(戌)의 10시 방향으로 조상께 제를 올려야 한다. '범, 말, 개'띠는 2시, '뱀, 닭, 소'띠는 4시, '원숭이, 쥐, 용' 띠는 7시 방향이 천살에 속한다. 종손이 사망했을 경우에는 종손의 후손으로 승계하여 해당자의 띠를 기준으로 천살 방향을 정한다. 제사의 예행(禮行)은 각각의 종교 형식에 맞추어 무방하지만 방향만큼은 철저히 바로잡아야 좋다. 또 속설에 제사를 올릴 때는 흔히 북으로 음식을 차려 놓고 지낸다는 말이 있는데 몰라서 하는 얘기다.

Master's Tip - 2 >

천살에는 상관기가 작동한다. 상관의 성분은 무형, 추상의 별로 '무(無)에서 유(有)'가 나타나는 통로를 만들어

낸다. 무릇 기도는 천살 방향을 보고 하는 것이다.

생년	亥,卯,未	寅,午,戌	巳,酉,丑	申,子,辰
천살 방향	戌向	丑向	辰向	未向

병으로 인한 괴로움은 장성(將星)이라는 살성(煞星)과도 깊은 연관이 있다. 필자가 아는 어느 귀부인은 지성과 교양을 갖추고 심성 또한 나무랄 데 없는 좋은 사람이다. 그런데 불행히도 폐암에 걸려 투병 중이다. 폐암은 조기 발견과 완치가 매우 어렵고, 죽음으로 이르는 경우가 많다. 보통 여성을 위협하는 암은 유방암과 자궁암으로만 생각하기 쉽지만 실제로는 폐암으로 가장 많이 사망한다. 이때는 보통 집의 대문 방향이나 침실의 방문 방향을 먼저 점검해 볼 필요가 있다. 가장(家長)의 생년, 띠를 기준으로 공간의 중심점에서 방문이나 대문이 장성 방향으로 나 있으면 질병에 시달리는 가족이 있는 경우가 많다. '돼지, 토끼, 양'띠에 해당하면 묘(卯)가 장성이고, '범, 말, 개'띠라면 오(午)가 천살이다. '뱀, 닭, 소'띠생은 유(酉)가 장성이고, '원숭이, 쥐, 용' 띠에게는 자(子)가 장성이다. 시계의 12시 방향을 정북(正北)에 맞추었을 때 '돼지, 토끼, 양'띠의 해당하면 3시, '범, 말,

개'띠는 6시, '뱀, 닭, 소'띠는 9시, '원숭이, 쥐, 용' 띠는 12시 방향이 장성에 속한다.

장성살(將星煞)이란 글자 그대로 높은 지위의 우두머리와 같아 쉽게 노출되거나 공격의 대상이 되어서는 위태하다는 뜻이 있다. 까닭에 가옥이나 영업장의 대문이 장성 방위로 나면 항시 외부의 위험에 무방비 상태로 놓인 격이라 큰 타격을 입기 쉽다. 그러므로 의상이나 이불, 요 등이 장성에 해당되는 색상이어도 좋지 않다. 묘(卯)는 오행(五行)의 木으로 청색(靑色)이고, 오(午)는 火로 적색(赤色)에 속한다. 유(酉)는 金으로 백색(白色)이고, 자(子)는 水로 흑색(黑色)에 속한다. 그러므로 돼지띠가 청색의 옷을 즐겨 입거나 범띠가 적색의 옷을 즐겨 입으면 건강에 악영향을 미친다. 병이나 탈이 나기 쉬울뿐더러 각종 재액(災厄)이 침범하기 쉬우니 삼가 할 일이다. 공교롭게도 시험이나 면접 같이 신상에 중대한 일이 있을 때마다 장성의 색상으로 된 옷을 입고 응시하는 경우를 종종 본다. 결과가 좋을 가능성이 희박하다.

Master's Tip - 3 >

1.

장성(將星)에는 양인(羊刃)이라는 성분이 작용한다. 인(刃)은 자신을 지키는 최후의 수단이자, 비장의 무기가 돼야 한다. 드러내 놓고 위세를 부리다간 보통 크게 당하기 십상이다. 포태(胞胎)로 장성은 제왕(帝旺)의 자리다. 제왕의 자리는 반드시 후방에 안전하게 위치돼야 마땅하다. 왕이나 장군이 다치면 졸개들은 자멸하게 되는 이치로 장성은 겉으로 드러내선 안 되는 것이다.

2.

장성에 해당되는 숫자도 불리하므로 가급적 피한다.'돼지, 토끼, 양'띠는 '3과 8', 범, 말, 개'띠는 '2와 7', '뱀, 닭, 소'띠는 '4와 9', '원숭이, 쥐, 용' 띠는 '1과 6'의 수와 궁합이 맞지 않는다. 하도(河圖)의 수리 배치는 다음과 같다.

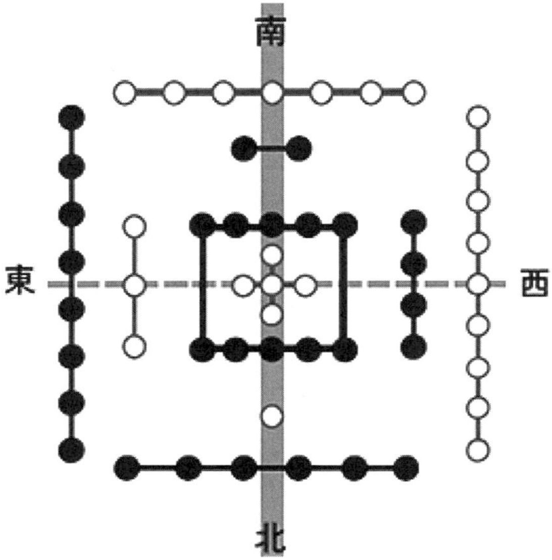

南
東
西
北

3. 강한 시험 운, 색에 달렸다

입시 철이 다가오면 많은 학부모들이 필자를 찾아 상담을 청하는데 이때 합격을 기원하며 당부하는 얘기가 있다. 시험 당일 수험생의 띠를 기준으로 재살(災煞)에 해당하는 색상의 옷을 입히도록 권하는 것이다. 재살이란 장성살(將星煞)을 효과적으로 제압하는 성신(星辰)으로 수험생의 생년, 띠를 기준으로 '돼지, 토끼, 양'띠에 해당하면 유(酉)가 재살에 속한다. '범, 말, 개'띠라면 자(子), '뱀, 닭, 소'띠는 묘(卯), '원숭이, 쥐, 용' 띠에게는 오(午)가 재살이다. 유(酉)는 오행(五行)의 金으로 백색(白色)이고, 자(子)는 水로 흑색(黑色)에 속한다. 묘(卯)는 木으로 청색

(靑色)이고, 오(午)는 火로 적색(赤色)에 속한다.

지난해 기사(己巳) 생의 S군은 학창 시절 학업 성적이 꽤 우수한 편인데도 시험 운이 따라주지 않아서인지 몇 차례 낙방의 고배를 마셨다고 했다. 나름 눈높이를 낮추어 담임선생이 추천하는 K대학교에 지망했는데 불합격했다. 내방한 날 수험생이 입은 옷이 흰색 운동복이고, 동행한 어머니의 옷은 붉은색으로 느낌이 좋지 않았다. 두 사람 모두 장성살(將星煞)의 색상 옷을 입은 까닭이다. 의상이나 이불, 요 등은 장성의 색상이 불리하다고 강조한 바 있다. S군과 같이 뱀띠 생은 중대사를 앞두고 흰색 계열의 옷을 입지 않는 게 좋다. '돼지, 토끼, 양'띠는 가급적 청색 옷을 입지 않는 게 좋다. '범, 말, 개'띠면 적색, '뱀, 닭, 소'띠 생은 백색, '원숭이, 쥐, 용' 띠는 흑색의 옷을 입지 말라. 장성의 색상 옷을 걸치면 십중팔구가 다 불길해진다. 시험이나 면접, 계약 등의 중대사를 앞두고는 장성에 대치되는 재살(災煞)의 색상을 입는 게 상책이다. 재살은 새로운 변화의 계기가 되는 동시에 관대(冠帶)와 합작되는 성질을 띠기 때문이다. '돼지, 토끼, 양'띠는 백색, '범, 말, 개'띠는 흑색, '뱀, 닭, 소'띠는 청색, '원숭이, 쥐, 용'띠는 적색이 재살로 행운의 색상이 된다. 필자가 S군에게 시험 당일 청색 옷을 착용하도록 권유했음은 두말할 나위가 없다. 또 학교의 정문이 장성 방위로 난 곳을 피하도록 일렀다. 결과는 독자들의 상상에 맡긴다.

Master's Tip - 4 >

이수학파에서 합작(合作)이란 용어는 음양(陰陽)의 생산(生産) 기능에 주안을 두어 현상계로 나타나는 물상(物象)의 첫 계기가 된다는 점에서 매우 중요하게 다뤄지는 말이다. 다른 말로 합생(合生)이라는 용어가 있는데 이때는 구생(求生)의 뜻을 포함하므로 대개 물상에 주안해서 합작이란 말이 즐겨 쓰인다.

재살(災殺)의 장간(藏干)을 육신으로 분할하면 대개 정재(正財)와 정관(正官)의 기능을 한다는 점을 발견할 수 있다. 명(命)의 부귀를 암시하는 재관(財官)은 월살(月煞)의 관대(冠帶) 물상과 합작하여 화현(化現)되는데 바로 재살이 합작의 동기로 작동하기 때문에 재살의 색상을 중시하는 것이다.

학생들에게 책상의 바른 배치는 여간 중요한 일이 아니다. 책상의 위치도 중요하지만, 더욱 신경을 써야 할 대목은 책상에 앉은 수험생의 어느 방향을 바라보는 자세로 앉느냐의 문제다. 시선이 천살(天煞) 방위로 향하는 책상에 앉는 학생은 거의 예외 없이 우등생이다. 천살의 반대 방향이 되는 반안(攀鞍) 방위로 배치되면 성적이 하위권이다. 학생의 생년(生年)을 기준으로 '돼지, 토끼, 양' 띠에 해당하면 술(戌)이 천살이고, '범, 말, 개'띠라면 축(丑)이 천살이다. '뱀, 닭, 소'띠 생은 진(辰)이 천살이고 '원숭이, 쥐, 용' 띠에게는 미(未)가 천살이다. 시계의 12시를 정북(正北)에 맞추었을 때 戌은 10시, 丑은 2시, 辰은 5시, 未는 7시 방향에 속한다. 예컨대 토끼띠의 학생이 戌의 방향을 앞으로 바라보는 책상에 앉아 공부하면 그는 필시 우등생이다. 또 이런 배치로 책상을 옮겼다면 성적이 날로 향상되는 결과를 본다. 닭띠라면 辰의 방향으로 시선이 향하는 책상이어야 성적이 우수하다. 반대로 戌을 바라보는 책상 배치라면 성적이 하위권이다. 또 성적뿐만 아니라 품행에도 영향을 미치므로 수험생 자녀를 둔 학부모들은 공부방의 책상 배치부터 점검할 필요가 있다.

Master's Tip - 5 >

풍수에서 책상의 배치는 침대와 더불어 매우 중요한 교정 수단이 된다. 책상을 좋은 방위에 배치하면 자연 학습자의 시선 방향이 정해지므로 후자의 요소를 반드시 고려해 위치를 정해야 한다.

이때 책상의 배치는 8방위의 길흉을 따져 정하므로 12방위의 수험생 시선 방향과 합치되지 않을 때가 더러 있다. 상황이 이러하면 8방위의 45도 각도로 子, 午, 卯, 酉의 사정(四正) 방위를 제외한 나머지 네 방위를 辰, 戌, 丑, 未의 사고(四庫) 방위로 통합한다. 이를테면 亥卯未生이 亥方을 바라보는 책상 배치라 해도 이를 戌方에 귀속시켜 천살 방향을 바라보는 것과 유사하게 취용하는 것이다.

4. 막힌 배수구, 바로 고쳐야

내방한 P 여인의 안색은 어두웠다. 평생 병원이라고는 문턱에도 가 보지 않았던 활기찬 남편이 갑자기 쓰러져 사경을 헤매고 있다는 것이다. 그즈음에 부부가 농가를 사서 전원주택으로 개조해 이사하고부터 얼마 지나지 않아 남편에게 급성 뇌경색이 왔다는 것이다. 필자가 "혹 원래 있던 하수구를 막지 않았느냐?"고 묻자 놀란 표정이 되어 그 사실을 어떻게 아는지 되물었다. 보통 가운(家運)이 기울거나 중환자가 있는 집에는 어느 날 갑자기 하수구가 막히거나, 화장실이 자주 막히는 일을 겪을 때가 많다. 상하수도에 이상이 나타나면 액운(厄運)의 전조로 여겨 집안을 두루 살펴 배수시설을 철저히 점검해야 한다. 이를 방치하면 큰 재난으로 이어질 공산이 크다. 인체도 대소변에 이상 현상이 나타나면 발병의 조짐이 되듯 마찬가지다. 실내의 욕실이나 화장실도 늘 청결을 유지하는데 신경을 써야 함은 두말 할 나위가 없다. 이곳에서는 신체의 전부 혹은 일부분을 노출해야 한다. 그 중에서도 이곳은 생식기와 직접적인 관련이 있다. 생식기는 일차적으로는 종족 보존을 위한 것이라고 할 수 있지만 평상시에는 남녀의 애정 및 건강과 밀접한 관계가 있는 부위다. 그런 이유로 욕실, 화장실의 관리는 삶에서 매우 중요하다 할 수 있다. 풍수에서 물의 흐름은 건강과 돈에 직결되는 문제다. 배수가 좋지 않다면 모든 것들이 막히게 된다. 하수구가 막히지 않도록 자주 점검해야 하는 이유가 바로 여기에 있다. 기존의 하수구는 절대 폐쇄하면 안 된다. 민속에 초상이 날 때는 그 집에서 기르던 개가 음소(陰所)를 찾아다니며 흙을 파고 신발짝 따위를 물어뜯으며 쓰레기나 천 조각을 하수구 등에 넣어 구멍을 막거나 훼손시킨다고 했다.

P여인의 남편은 갑신(甲申) 생, 잔나비띠로 을목(乙木) 계통의 병증(病症)이 나타난 셈이다. 일반 독자들에게는

약간 어려운 얘기지만 심각한 질병은 천살(天煞)에 해당하는 글자의 중기(中氣)로 병원(病源)을 삼는다. '돼지, 토끼, 양'띠는 술(戌)이 천살이고, '범, 말, 개'띠는 축(丑), '뱀, 닭, 소'띠는 진(辰), '원숭이, 쥐, 용'띠는 미(未)가 천살이다. 각 글자의 중기를 살피면 戌은 정화(丁火), 丑은 신금(辛金), 辰은 계수(癸水), 未는 을목(乙木)이 배당되는데 각 글자 오행에 속하는 병상(病象)이 있다. 쉽게 풀어 설명하면 '돼지, 토끼, 양'띠는 정화(丁火)의 병상에 속하는 심장이나 소장 계통의 질환을 눈여겨봐야 한다. 일단 이 부위가 발병하면 중증일 가능성이 높다.

병이 나타나는 때는 언제인가? 여기에는 선천수(先天數)의 개념을 적용하는데 대략 나이의 끝수가 '6'이나 '4'에 해당될 가능성이 높다. '범, 말, 개'띠는 폐(肺) 계통의 질환에 노출되면 심각해질 우려가 있다. 나이의 끝수가 '7'이나 '3'에 해당할 시점에 결핵성의 질병이 나타나면 중병이 분명하다. '뱀, 닭, 소'띠는 신장 · 방광이나 비뇨기 계통의 질환에 유의해야 한다. 나이로는 끝수가 '5'나 '0'인 때에 발병하는 질환이 무섭다. '원숭이, 쥐, 용'띠는 나이의 끝수가 '2'나 '8'일 때 발병하는 간(肝) 계통이나 안과 질환 등이 중증으로 나타나는 경우가 많다.

질병이 드는 해에는 대개 집중적으로 발병하는 시점이 있다. 예컨대 나이의 끝수가 '6'이나 '4'에 해당될 때 심장 계통의 병증이 나타나면 그 시기가 음력으로 '1월(寅月), 5월(午月), 9월(戌月)'일 공산이 크다. 나이의 끝수가 '7'이나 '3'에 해당하면 '4월, 8월, 12월'이다. 나이의 끝수가 '5'나 '0'에 해당하면 '3월, 7월, 11월'이다. 나이의 끝수가 '2'나 '8'에 해당하면 '2월, 6월, 10월'에 발병할 확률이 높다.

Master's Tip - 6 >

1.

결정적인 말썽은 늘 상관(傷官)의 성분에서 나타나기 쉽다. 이것은 유정(有情)의 설기(洩氣)로 몸의 에너지를 심대하고 급속하게 격감시킨다. 바로 천살의 중기(中氣)에서 상관기가 작동하고 게다가 사람의 힘으로는 어쩔 수 없는 천살의 영역에서 발병(發病)한 사안이므로 위태하다는 것이다.

2.

선천수(先天數)는 다음과 같다.

천간의 갑(甲)·기(己)는 9, 을(乙)·경(庚)은 8, 병(丙)·신(辛)은 7, 정(丁)·임(壬)은 6, 무(戊)·계(癸)는 5고, 지지의 자(子)·오(午)는 9, 축(丑)·미(未)는 8, 인(寅)·신(申)은 7, 묘(卯)·유(酉)는 6, 진(辰)·술(戌)은 5, 사(巳)·해(亥)는 4다.

甲 己 子 午 九 數
乙 庚 丑 未 八 數
丙 辛 寅 申 七 數
丁 壬 卯 酉 六 數
戊 癸 辰 戌 五 數
巳 亥 　 　 四 數

5. 태아의 성별, 방향이 좌우

예나 지금이나 뿌리 깊은 아들 선호사상에 이를 이용한 교묘한 상술까지 더해져 눈살을 찌푸리게 하고 있다. 보통 독자 출신 가문에서는 자기 종가의 가세 번창을 위해 다남(多男) 출산에 대한 소원을 많이 갖고 있다. 그래서인지 전국 각지의 많은 한의원, 약국 등은 물론 작명소에서까지 뿌리 깊은 남아 선호사상에 기인한 아들을 낳아야 한다는 주부들의 애절한 마음을 이용 교묘하고 얄팍한 상술의 흔적을 찾아볼 수 있다. 보통 아들을 낳게 만든다는 비법으로 '식습관의 개선'이나 '합방날짜', '성관계 시간' 등의 수칙을 정하고 간절히 아들을 바라는 마음을 파고든다. 하지만 세상 일이 다 제 뜻대로 되는 게 아니다. 아들을 기다리는 집안에 딸만 내리 두는 가문의 종부로 평생 고민 속에 사는 이들이 한 둘이 아니다. 그들의 염원이나 노력이 부족한 게 아니다.

남성의 정액 속에는 딸이 되는 X정자와, 아들이 되는 Y정자가 있는데 이들 정자의 특징을 살펴보면 선택 임신이 가능하다는 설에 근거한다. Y정자의 수명은 X정자에 비해 짧고 알칼리성에 강하며 산성에 약한 성질이 있다. 그러므로 산성으로 유지되는 질(膣) 내부에 머무는 Y정자의 생존율은 자연 감소하게 된다. 질 다음으로 진행되는 길은 자궁 경관, 자궁 체부, 난관으로 이곳은 알칼리성으로 유지되기 때문에 Y정자는 질만 통과하면 X정자보다 유리한 조건에 선다. 따라서 부부가 성 관계 시 되도록 깊이 사정하고, 굴곡위의 체위를 병행하면 아들을 놓을 가능성이 높다는 얘기가 된다. 또 체질을 알칼리성으로 바꾸는 인위적 방법을 쓰기도 한다. 최근에는 약국에서 "마이칼', '링칼', '그린젤리' 등 일명 아들 낳는 약이 공공연하게 팔리고 있다. 산모의 체질을 알칼리성으로 바뀌게 해서 아들을 낳게 만든다는 것이다. 하지만 "사람 체질이 약을 먹는다고 해서 알칼리성으로 바뀌는 게 아니어서 과학적으로 근거 없는 상술에 불과하다"고 일축하는 산부인과 전문의들의 견해가 다수다. 일설에는 여성이 오르가슴을 느낀 다음에 사정하면 아들 출산의 가능성이 한층 높다고 한다. 알칼리성 분비액이 많을수록 Y정자에 더욱 활력을 불어넣어 주는 촉매제가 된다고 보는 까닭이다. 그렇다면 강한 남성들은 예외 없이 아들을 두고 허약한 남성들은 딸만 둘 운명이란 말인가? 그렇지 않다. 이론적으로 사정과 배란의 시간차가 클수록 Y정자의 수정은 어려워지므로 요행히 배란만 빠르면 아들을 낳게 된다.

결국 '아들이냐, 딸이냐'가 정해지는 문제는 타이밍에 달렸다고 볼 수도 있다. 그래서 바이오리듬에 의한 아들, 딸 구분 출산법도 각국의 병원에서 활용되는 방법의 하나다. 수정될 때 모체의 신체 리듬이 고조기일 때 난자가 Y정자를 받아들이기 쉽다고 한다. 서구와 달리 동양에서는 여성의 신체 리듬보다 남성의 정력에 포커스를 맞추어 출산 성별이 정해진다는 유력한 설이 있다. 한마디로 부부 생활에서 남성의 정기(精氣)가 강한 상태에서 관계하면 거의 예외 없이 남아가 모체에 수태된다는 것이다. 방법이 간단하다. 아내의 배란기에 남편의 생년을 기준으로 반안(攀鞍) 방향으로만 머리를 두고 자는 방향으로 관계를 가지면 된다. 다시 말해 '돼지, 토끼, 양' 띠는 진(辰)의 동동남, '범, 말, 개'띠는 미(未)의 남남서, '뱀, 닭, 소'띠는 술(戌)의 서서북, '원숭이, 쥐, 용'띠는 축(丑)의 북북동 방향으로 두침(頭寢)하여 잉태하면 아들을 낳게 된다. 앞에서 말한 정반대의 방향이 천살(天煞) 방위가 되는데 이 방향으로 두침하며 생활하던 중에 임신하면 여아를 분만하게 된다. 최근에 아이를 출산한 부부의 침실 방위를 살펴 실험해 보면 놀라운 공통점을 발견하게 될 것이다.

Master's Tip - 7 ≫

태아의 성별을 결정짓는 가설로 이수학파는 색다른 관점을 취한다. 남성의 두침 방향이 반안(攀鞍)을 향하는 데는 이견이 없으나 여성의 두침 방향도 중요하다는 것이다. 예컨대 삼합(三合)이 드는 부부는 반안의 방향이 공히 같으므로 이때는 반안을 향해도 아들보다 딸이 수태될 가능성이 더 높다는 것.

까닭에 생년이 띠가 삼합이 되지 않는 커플에서 반안 방향이 남성에게 일방적으로 적용될 때 아들을 수태할 가능성이 높다는 관점을 취한다.

6. 사업 성패, 출입구가 관건

퇴직한 많은 사람들이 돈벌이의 대안으로 음식점을 생각한다. "먹는장사가 그나마 낫지 않을까"하는 생각으로 뛰어든 외식업에서 성공 사례는 몹시 드문 게 현실이다. 새로 문을 연 음식점 가운데 90%가 1년 안에 폐업을 하고, 창업 3개월 이내 문을 닫는 경우도 허다하다. 하물며 지금 같은 불경기에는 더 말할 나위가 없다. 세상에 쉬운 일은 없는 법이다. 어느 일, 어느 분야건 실패의 원인을 진단하려면 끝없이 다양하고, 또 타인이 말하는 성공 비결을 무조건 따라한다고 해서 같은 결과를 볼 가능성은 별로 없다. 필자의 먼 친척이 되는 K는 '63년 계묘

(癸卯)생으로 오랫동안 외식업을 통해 큰돈을 벌었다. 성실성을 타고 났고 이재(理財)의 수완이 뛰어난 편이라 늘 성장일로를 달려온 셈이다. 그런데 지난해부터 식당 운영이 어려워져 월세까지 밀리는 형편이 됐다며 고민거리를 털어놨다. K를 더욱 힘들게 하는 일이 벌어졌다. 바로 옆에 자리 잡은 동종 식당은 줄서서 기다려야 할 만큼 북적거리는데 K의 식당은 손님 한 사람 없이 파리만 날릴 때가 적지 않다는 것이다. 서비스와 맛에 대해서만큼은 유별나게 자부해 온 그로서는 경쟁에서 완전하게 밀리는 현실이 믿어지지 않을 정도였다고 한다. 사람들은 고객이 끊이지 않는 식당의 음식이 맛있을 거라고 생각하는 게 당연하다. 손님이 손님을 부르는 강한 동조화 현상을 타개해 낼 묘책은 여간해서 찾기 어렵다. K는 하는 수 없이 일당을 주고 사람을 사서 손님으로 가장해 식당 내부를 채워보기도 했지만 결국은 '제살 깎아먹기' 밖에 되지 않았다. 오히려 나쁜 소문만 돌게 되어 어쩔 수 없이 문을 닿아야 할 처지에 놓였다는 것이다.

필자가 조만간 한번 영업장을 방문하기로 하고, 약속한 당일에 식당에 들렀다. 꽤 규모가 큰 이 식당은 문이 동쪽으로 나 있었다. 그렇다면 장성살(將星煞) 방향에 속하는데 이런 점포라면 아무리 입지 조건이 좋아도 거의 모두 실패로 끝날 공산이 크다. 한 가지 의문이 생겼다. "K가 몇 해 전부터 이 식당을 운영해 오면서 한때는 지겹도록 돈을 벌었다는 소식을 듣기도 했는데 왜 하필이면 지난해부터 고전했단 말인가?" 직감적으로 문에 문제가 있다고 느낀 필자는 화려하게 꾸며진 동문에 대해 물어 보았다. 예상대로 지난해 봄에 가게를 늘리면서 본래 쓰던 문을 폐쇄하고 현재의 문으로 입구를 틀었다는 얘길 듣게 됐다. 당장 보조 문을 하나 더 내도록 조치했다. 문이 장성 방향으로 나 있는 영업장은 정반대 편의 재살(災煞) 방위로 입구 통로를 하나 더 두어야 패운(敗運)을 면한다. 가장 이상적인 보조문의 입구는 육해(六害) 방향이다. 이곳으로 문을 하나 더 두면 언제든 활로(活路)가 모색되기 마련이다. 하늘이 무너져도 솟아날 구멍이 있다는 얘기다. 재차 강조컨대 출입구가 장성 방향으로 나면 절대 안 된다. 생년을 기준으로 공간의 중심점에 서서 볼 때 '돼지, 토끼, 양'띠는 정동(正東), '범, 말, 개'띠는 정남(正南), '뱀, 닭, 소'띠는 정서(正西), '원숭이, 쥐, 용'띠는 정북(正北)으로 난 대문에서 운(運)이 막힌다. 이때는 즉시 폐쇄하거나 혹은 다른 쪽으로 문을 하나 더 내야 한다. 장성 방위의 정반대로 통로를 하나 더 만들거나, 아니면 육해 방향으로 문을 내야 최선의 처방이라 할 수 있다. 육해 방위는 다음과 같다. '돼지, 토끼, 양'띠는 정남(正南), '범, 말, 개'띠는 정서(正西), '뱀, 닭, 소'띠는 정북(正北), '원숭이, 쥐, 용'띠는 정동(正東)이 각각 해당된다. 또 금고의 위치 선정이 매우 중요하다. 금고는 무조건 반안(攀鞍) 방위에 두라. 다른 게 다 잘못되어도 이것만 지키면 적자(赤字)를 내는 법이 거의 없다. '돼지, 토끼, 양'띠는 진(辰)의 동동남, '범, 말, 개'띠는 미(未)의 남남서, '뱀, 닭, 소'띠는 술(戌)의 서서북, '원숭이, 쥐, 용'띠는 축(丑)의 북북동 방위가 바로 반안 방향에 속한다.

Master's Tip - 8 >

현관과 출입구의 길흉은 子, 午, 卯, 酉의 사정(四正) 방위로 가른다.

입구는 재살(災煞)의 방위가 이상적이다. 재록(財祿)과 관록(官祿)이 안정되기 때문이다.

육해(六害)에는 식상(食傷)의 기운이 넘쳐난다. 막히면

돌아가는 진로가 끊이지 않으므로 망하는 법이 없다.

연살(年煞)은 인수(印綬) 작용으로 문서의 이득이 있다.

장성(將星) 방향의 통로는 재난을 부른다. 십중팔구 좋은 결과를 보기 어려우므로 피하는 게 상책이다.

7. 이상적인 배우자가 사는 곳은

복잡 미묘한 남녀 관계를 놓고 자주 회자되는 말 중 하나가 바로 '화성 남자, 금성 여자'다. 전 세계적으로 3,000만부 이상 팔렸다는 '존 그레이' 박사의 '화성에서 온 남자, 금성에서 온 여자'는 남자와 여자가 각기 다른 별에서 온, 태생부터 완전히 다른 종족이라는 점을 상기시켜 큰 반향을 일으켰다. 생각하는 방식이나 언어 습관, 행동 패턴 등 어떤 것도 같은 점이 없는 지구상의 모든 연인과 부부들은 끝없는 갈등에 시달리면서 또 이를 해결하기 위해 노력한다는 것이다. 그런데 왜 하필 화성에서, 금성에서 각각 남자와 여자가 왔다고 했을까? 아마도 저자는 화성과 금성의 신화에서 책의 제목을 따온 듯 싶다. 화성의 영어명 마르스(Mars)는 로마 신화에 나오는 군신(軍神)의 이름이고, 금성은 사랑과 미, 풍요의 여신인 비너스다.

실은 여기에 더 심오한 뜻이 반영돼 있다. 오행(五行) 관계로 火가 남편이면 火가 극(剋)하는 金이 아내가 된다. 역으로 金의 아내는 火의 남편에게 극(剋)을 당하는 부부의 합을 이루게끔 돼 있다. 바로 화성 남자와 금성 여자가 관계가 된다. 반면 '화성 여자, 금성 남자'라는 말은 성립이 안 된다. 화성 여자는 불의 火를 극하는 물의 水, 즉 수성 남자와 배연이 되고, 금성 남자는 쇠의 金으로 극하는 나무 木의 목성 여자와 연분을 맺는 이유다. 역리(易理)에서는 불의 火와 쇠의 金 대칭 관계가 특별한 점은 천도(天道)의 공간계와 지도(地道)의 물리계에서 작동하는 오행의 운동 체계가 다르기 때문이다.

사상의 목화금수(木火金水)는 각각 동남서북(東南西北)으로 방위가 구분된다. '돼지, 토끼, 양'띠는 목명(木命)에 속하고, '범, 말, 개'띠는 화명(火命), '뱀, 닭, 소'띠는 금명(金命), '원숭이, 쥐, 용'띠는 수명(水命)에 해당된다. 이 중 '범, 말, 개'띠의 화성 남자라면 사는 곳에서 정서(正

西)의 방향에 이상적인 금성 여자와의 인연이 예정돼 있는 것으로 보면 틀림없다. 역으로 '뱀, 닭, 소'띠의 금성 여자는 정남(正南) 방위에서 이상형의 연분을 맺을 가능성이 높다. '범, 말, 개'띠의 화성 여자는 정북의 수성 남성과 깊은 인연을 맺는다. '뱀, 닭, 소'의 금성 남자는 정동(正東)의 목성 여자와 인연이 깊기 마련이다. '돼지, 토끼, 양'띠의 목성 남자는 사는 곳을 기준으로 동서남북 사정(四正)의 방향에서 이상적인 이성 인연을 찾기 어렵다. 반면 목성 여자는 정서(正西) 방향에서 연분을 찾을 수 있다. '원숭이, 쥐, 용'띠의 수성 여자는 사정의 방향으로 좋은 이성의 인연을 찾기 어렵다. 반면 수성 남자는 정남(正南) 방향으로 배우자의 인연을 능히 기대할 수 있다.

이상적인 배우자를 만나려면 위에서 언급한 방위 외에 특별히 주목할 방향이 있다. 남자는 반안(攀鞍) 방향을 여자는 천살(天煞) 방향에 길한 인연이 있다. 반대로 남자가 천살 방향에서 배우자를 구하거나, 여자가 반안 방향에서 연분을 맺으면 최악의 결과를 보기 쉽다. 천살 방향에는 남편을 해치는 상관(傷官)의 기운이 작동하고, 반안 방위에는 부인을 상극하는 겁인(刦刃)의 기가 내포

된 까닭이다. '돼지, 토끼, 양'띠는 술(戌)의 서서북, '범, 말, 개'띠는 축(丑)의 북북동, '뱀, 닭, 소'띠는 진(辰)의 동동남, '원숭이, 쥐, 용'띠는 미(未)의 남남서 방위가 천살 방향에 속한다. 남자는 천살 방향의 인연을 가급적 피해야 하고, 여자는 이곳의 인연을 놓치지 말아야 한다. 천살 방향에서 나타난 남성과 결혼하면 부귀는 따 놓은 당상이 된다. 정략 결혼은 십중팔구 천살 방향에 인연이 있다.

Master's Tip - 9 >

방향의 인연법에 상대가 사는 곳이 본인의 거주지에서 어느 신살 방위에 속하는지가 관건이 된다. 이때 해당 신살에 속하는 글자의 장간을 육신(십성) 분할하면 인연의 길흉을 예감할 수 있다.

성별	比劫	食傷	財星	官殺	印綬
남자		凶	吉	吉	
여자	凶	吉	吉		

8. 행운의 색상, 따로 있다

풍수에서는 색상이 지닌 파워를 매우 중시한다. 예컨대 빨간색은 젊음과 활기찬 에너지를 의미하므로 동쪽의 물을 사용하는 공간 등에 빨간색 소품을 사용하면 떠오르는 태양처럼 도전적이며 원기 왕성한 기운을 받을 수 있다는 식이다. 파란색 청산과 시작, 정화를 의미하므로 정신적인 건강을 도모한다. 초록색은 봄의 시작과 같이 싱그러운 기운을 담고 있어 별거 중인 사람이나 이별의 슬픔으로 상처 받은 사람이 녹색 소품이나 식물을 두면 가까운 시일에 상처를 잊고 새로운 사랑을 시작할 수 있다고 말한다. 황금색은 어떤가? 곧 돈이다. 서쪽 벽을 노란 벽지로 바르면 금전운이 곧장 상승하는 비법의 하나로 강조할 정도다. 분홍색은 황홀한 연애 감정을 북돋우고, 보라색은 우아하며 흰색은 청결의 상징으로 요소요소에 맞추어 배합한다.

하지만 진짜 행운의 색상은 따로 있다. 자신에게 맞는 색이 다 각각이라는 얘기다. 여성은 도화(桃花)의 색상이 최고다. '돼지, 토끼, 양'띠는 자수(子水)의 흑색(黑色), '범, 말, 개'띠는 묘목(卯木)의 청색(青色), '뱀, 닭, 소'띠는 오화(午火)의 적색(赤色), '원숭이, 쥐, 용'띠는 유금(酉金)의 백색(白色)이 도화의 색상으로 행복한 운수를 부르는 비결이 된다. 한 마디로 수(數)치레하려면 자신에게 맞는 컬러로 옷부터 잘 입어야 한다는 얘기다. 특히 '뱀, 닭, 소'띠의 부인이 붉은 색상의 옷을 즐겨 입으면 남편의 출세에 도움이 된다. L여인은 보통 흰색의 옷을 즐겨 입었다. 불운하게도 몇 해 전 동짓날 남편 상을 당하고 말았는데 상을 치를 동안에 그녀가 표백이 된 흰 무명옷을 입고 있었던 기억이 난다. 정유(丁酉) 생의 그녀에게 흰색은 육해(六害)의 색상으로 불리하게 작용한다. '돼지, 토끼, 양'띠는 오화(午火)의 적색(赤色), '뱀, 닭, 소'띠는 자수(子水)의 흑색(黑色), '원숭이, 쥐, 용'띠는 묘목(卯木)의 청색(青色)이 육해의 색상으로 여성이 이에 해당하는 색깔의 의복을 입었을 때는 다투거나 헤어지는 등의 불미스런 일이 발생하기 쉽다. 맞선이나 소개팅에서 여성의 생년, 띠로 따져 육해 색상의 옷을 입고 나왔다면 좋은 관계로 이어지길 기대하는 마음을 접는 게 좋다. 연인들의 일상적 데이트에서도 여성이 육해 색상의 옷을 입고 나온 날은 어김없이 다투기 쉽고, 심하면 절교 선언이다. 육해살(六害煞)에는 여성의 연분이 되는 남자, 관(官)의 성분을 해치는 상관기(傷官氣)가 강력하게 작용하기 때문이다. 단 범, 말, 개'띠의 여성이 육해의 색상인 유금(酉金)의 백색(白色) 옷을 입었을 때는 예외다. 오히려 소소한 재물운이 따를 수다.

남녀 공히 불리한 색은 장성(將星)의 색상이다. '돼지, 토끼, 양'띠는 묘목(卯木)의 청색(青色), '범, 말, 개'띠는 오화(午火)의 적색(赤色), '뱀, 닭, 소'띠는 유금(酉金)의 백색(白色), '원숭이, 쥐, 용'띠는 자수(子水)의 흑색(黑色)이 이에 해당한다. 특히 남자가 장성 색상의 의복을 입으면 애정운에 금이 가기 십상이다. 남자가 장성 색상의 옷을 입고, 여자가 육해 색상의 옷을 입고 만나면 이별을 강력하게 암시하는 상황이 펼쳐진다. 보통 남자는 재살(災煞)의 색상이 행운을 불러온다. '돼지, 토끼, 양띠'라면 흰색, '범, 말, 개'띠는 흑색, '뱀, 닭, 소'띠는 청색, '원숭이, 쥐, 용'띠는 적색이 재살의 색으로 중대사가 걸린 당일에는 반드시 행운의 색상 의상을 갖추는 게 좋다. 또 구애나 화해를 청할 때도 재살의 색상이 한결 유리하다.

Master's Tip - 10 >

행운의 색상과 숫자는 子, 午, 卯, 酉 사정(四正)의 글자로 가른다.

신살로 행운의 색상과 숫자는 재살(災煞)과 연살(年煞), 즉 도화(桃花)에 해당하는 글자에서 찾는다.

子	1	黑
午	2	赤
卯	3	青
酉	4	白

9. 운수 좋은 날, 만들기 나름

십이지(十二支)는 우리 문화 속에서 다양한 형태로 등장한다. 역법과 역술 등에서는 방위와 시간의 개념으로 또 길흉을 추리하는 도구로 주로 쓰인다. 십이지 문화의 꽃은 일상에서 흔히 쓰는 생년 기준의 '띠' 담론을 들 수 있다. 이를 통해 한 개인의 심성이나 상호간의 융화 관계 등을 헤아려 보기도 한다. '자, 축, 인, 묘, 진, 사, 오, 미, 신, 유, 술, 해'의 십이지에 '갑, 을, 병, 정, 무, 기, 경, 신, 임, 계'의 십간(十干)을 '갑자, 을축....'식의 순서대로 결합하면 60개의 간지(干支), 즉 60갑자(六十甲子)가 만들어지는데 일진(日辰)은 바로 이 60갑자를 그날그

날에 차례대로 나누어 정한 것이다. 일진은 주로 일상 생활에서 흉한 것을 피하고, 길한 것을 택하기 위한 수단으로 발달했다. 일진으로 길흉을 가려 취하는 일을 택일(擇日)이라 했고 이는 곧 일진이 좋은 날을 가린다는 뜻이다. 민간에서는 흔히 십이지에 배당된 동물을 순차적으로 반복하며 하루의 일진(日辰)을 매겼다. '쥐날, 소날, 범날, 토끼날, 말날, 양날, 잔나비날, 닭날, 개날, 돼지날'로 구분해 쓰는 식이다. 십이수(十二獸)로 구분된 일진은 먼저 털이 있는 유모일과 털 없는 무모일로 길흉을 나눴다. 12동물 중에 오직 용과 뱀만이 털이 없는 무모일에 속하여 흉한데 정초(正初)에 무모일이 둘 다 들면 흉년을 걱정했다. 또 개업 일자로 무모일은 피했다. 조상들은 각 동물의 생태나 행태에 착안하여 해야 할 일과 하지 말아야 할 일을 구분해 놓기도 했다. 여기에서 파생된 금기와 속신도 많다. 택일에서 곧잘 인용하는 백기일(百忌日)도 오래된 민간 풍속의 하나로 비슷한 맥락으로 해석된다.

Master's Tip - 11 >

백기일(百忌日)은 십간과 십이지로 구분되어 각 날에 금기하는 내용이 정해져있다.

십간백기일은 다음과 같다.

갑불개창(甲不開倉)	갑일(甲日)에 창고를 열지 않는다
을불재식(乙不栽植)	을일(乙日)에 식물을 심지 않는다
병불수조(丙不修灶)	병일(丙日)에 부엌을 손대지 않는다
정불삭발(丁不削髮)	정일(丁日)에 이발하지 않는다
무불수전(戊不受田)	무일(戊日)에 전답 매매를 않는다
기불파권(己不破券)	기일(己日)에 문서를 찢지 않는다
경불경락(庚不經絡)	경일(庚日)에 침, 뜸을 뜨지 않는다
신불합장(辛不合醬)	신일(辛日)에 장을 담그지 않는다
임불결수(壬不決水)	임일(壬日)에 둑을 터지 않는다
계불송사(癸不訟事)	계일(癸日)에 송사를 삼간다

십이지백기일은 다음과 같다.

자불문복(子不問卜)	쥐날에는 점치지 않는다
축불관대(丑不冠帶)	소날에 관디를 갖추지 않는다
인불제사(寅不祭祀)	범날에 제사를 지내지 않는다
묘불천정(卯不穿井)	토끼날에 우물을 파지 않는다
진불곡읍(辰不哭泣)	용날에 울지 않는다
사불원행(巳不遠行)	뱀날에 멀리 가지 않는다
오불점개(午不苫蓋)	말날에 지붕을 이지 않는다
미불복약(未不服藥)	양날에 약을 먹지 않는다
신불안상(申不安牀)	잔나비날에 가구를 들이지 않는다
유불회객(酉不會客)	닭날에 손님을 맞이하지 않는다
술불걸구(戌不乞狗)	개날에 개를 들이지 않는다
해불가취(亥不嫁娶)	돼지날에 시집, 장가들지 않는다

서(書)에 이르길 살방(煞方)의 곁에는 귀(貴)가 있다고 했다. 장사와 투기 모두에 적용되는 긴요한 술책 하나를

설명하겠다. 당일 일진을 기준으로 망신(亡身) 방향은 곧 횡재수를 얻는 선상이 된다. 망신은 건록지(建祿地)로 의식(衣食)과 재록(財祿)이 따른다. '돼지날, 토끼날, 양날'에는 동동북쪽의 인(寅) 방향을 바라보고 승부를 가려라. 백발백중 승리하고, 상대를 쉽게 공략한다. '범날, 말날, 개날'에는 사(巳)의 남남동, '뱀날, 닭날, 소날'에는 신(申)의 서서남, '잔나비날, 쥐날, 용날'에는 해(亥)의 북북서 방향에 행운이 있다. 행운의 방향을 주목하고 그곳으로 움직여라. 실행하면 기적 같은 이익을 낚을 공산이 크다.

Master's Tip - 12 >

당일의 길흉을 판단하는 방법으로는 일진(日辰)의 지지(地支)를 주동(主動)하여 망신(亡身)과 겁살(劫煞)로 성패를 가른다. 망신의 방향에는 록(祿)이 작용하고, 겁살의 방향에는 살(殺)이 작용한다. 큰 집단적 재앙은 대개 당일 일진의 겁살 방위를 향하는 진로 선상에서 발생할 가능성이 크다.

日辰	亡身《吉	劫煞》凶
亥卯未日	寅方(丑)	申方
寅午戌日	巳方(辰)	亥方
巳酉丑日	申方(未)	寅方
申子辰日	亥方(戌)	巳方

일진과 마찬가지로 한 해의 길흉 방위를 태세(太歲)의 지지로 주동하여 살피기도 한다. 방법이 같다.

■ 12지살 살성표

12살 \ 띠	쥐	소	범	토끼	용	뱀	말	양	원숭이	닭	개	돼지
겁살	사	인	해	신	사	인	해	신	사	인	해	신
재살	오	묘	자	유	오	묘	자	유	오	묘	자	유
천살	미	진	축	술	미	진	축	술	미	진	축	술
지살	신	사	인	해	신	사	인	해	신	사	인	해
연살	유	오	묘	자	유	오	묘	자	유	오	묘	자
월살	술	미	진	축	술	미	진	축	술	미	진	축
망신살	해	신	사	인	해	신	사	인	해	신	사	인
장성살	자	유	오	묘	자	유	오	묘	자	유	오	묘
반안살	축	술	미	진	축	술	미	진	축	술	미	진
역마살	인	해	신	사	인	해	신	사	인	해	신	사
육해살	묘	자	유	오	묘	자	유	오	묘	자	유	오
화개살	진	축	술	미	진	축	술	미	진	축	술	미

• 표 보는 법

띠와 사주 12지의 일치점을 찾는다. 1972년 음력 2월20일 오전 2시생인 사람은 사주가 △임자(년) △계묘(월) △갑자(일) △을축(시). 이때 가로축 '쥐' 띠에서 육십갑자의 뒷글자(자, 묘, 축)가 일치하는 장성살, 육해살, 반안살이 자기가 타고난 살

10. 돈이 되는 방향으로 움직여라

명리(命理)에서 좋은 사주(四柱)를 정의하는 포괄적 개념으로 정신기(精神氣) 삼자의 구비 여부를 가릴 때가 많다. 간단히 말해 정(精)이란 명주(命主)의 에너지를 북돋우는 기운이고, 신(神)은 에너지를 덜어 내거나 제어하는 성분이다. 기(氣)는 명주와 동일한 에너지로 유사시에는 언제나 든든한 아군의 역할을 하는 요소다. 보통 팔자(八字)에 이 세 가지 성분을 고루 갖추고, 대등한 기세의 균형을 이뤄야 절충(折衷)된 귀격(貴格)을 이루기 쉽다. '정'은 언제나 기댈 수 있는 언덕과 같아 지원 세력과 같다. 그래서 영어로 된 명서(命書)에는 이를 가리켜 흔히 공급

원(resources)로 표기한다. '신'은 곧 부귀(富貴)의 다른 말로 이해하면 무난하다. 기(氣)는 형제나 친구와 같아 보통 때는 이익을 나누는 분록(分祿)의 형편으로 나타날 개연성이 높지만, 위기 때면 언제나 믿을 수 있는 같은 편이다.

L군은 자기중심의 좁은 생각에 집착하여 다른 사람의 의견이나 입장을 고려하지 아니하고 자기만을 내세우는 성향이 짙다. 정작 실천력은 부족하고 소극적이어서 무기력해질 때가 많다. 이것은 팔자에 정(精)의 성분만 지나치게 많아 나타나는 현상의 전형이다. P양은 종종 깜짝 놀라기도 하고, 냉소적인 기질에 간혹 과격, 급진적인 성격을 드러낸다. 팔자에 신(神)의 성분이 많은 까닭이다. K씨는 자만하고 교만한 기질을 품었다. 또 무계획적이고 좌충우돌할 때가 많은데 이는 팔자에 기(氣)로 가득 찼기 때문이다. J사장은 몇 해 전 창업으로 시작은 좋았는데 끝이 불운했다. 재기를 노리지만, 아무도 도와주지 않고 고립무원에 놓였다. 이것은 팔자에 정(精)이 부족한 까닭이다. 가수로 활동하는 H는 일년 365일이 분주한데 근근이 생계는 유지하지만 크게 인기를 얻거나 부자가 되진 못했다. 팔자에 신(神)이 부족하면 좀체 귀(貴)를

보기 어렵다. 방송인 D는 한때 반짝 인기를 얻은 적이 있지만 오래가지 못했고 주변에 친한 인사도 드물다. 기(氣)가 부족하면 비록 정신(精神)이 균형을 이룬들 좋은 운세가 장구하지 않다.

Master's Tip - 13 >

팔자(八字)는 중화(中和)되어야 길하고 귀하다. 이수명리(李修命理)는 팔자의 이법(理法)과 기학(氣學) 체계를 융회관통하는 선진 이론으로 널리 알려졌다. 학파에서는 이기(理氣) 양면의 절충(折衷)을 중시한다.

이중 정신기(精神氣) 삼자는 각 글자의 세력의 균형을 논하는 요소로 오행생극(五行生剋)의 이법 체계를 설명하는 개념이다.

한편 기학(氣學)은 음양조화(陰陽調和)로서의 한난(寒暖)과 조습(燥濕)으로 절충(折衷) 여부를 판단한다. 여기에서 나아가 진가(眞假)로 격국(格局)의 고저(高低)를 살피는 법수로 이수명리의 팔자학은 완성된 모습을 갖추고 있다.

비교적 근래에 세워진 이수학파의 명리학 학습 단계는 다음과 같다.

사주학 학습 단계	학습 범주
1단계	신살론
2단계	합충론
3단계	오행론
4단계	십간론

팔자에 각종 길흉을 암시하는 여러 성신(星辰)이 있는데 이중 정신기 삼자를 모두 구비한 신살(神煞)이 곧 반안(攀鞍)이다. 반안에는 겁인(劫刃)이라는 기(氣)가 내포되어 절대 위기에 처하면 마지막 수비자가 되는 히든카드로써의 묘용이 있다. 보통은 재관(財官)의 신(神) 작용을 해서 대접을 받고, 더해서 인수(印綬)라는 정(精)의 요소가 가세하므로 문서운도 빛난다. 이것은 주로 문서가 길한 작용을 하는 도화(桃花)의 글자와 합(合)을 잘 짓는 연유에 근거하기도 하는데 아무튼 돈을 벌기 위한 방책으로는 무조건 반안에 해당하는 방향을 주목해서 움

직이고, 활용하는 게 상책이다. 반안을 곧 화폐로 보는 것은 역학계에서 거의 통설로 되어 있을 정도다. 마찬가지로 재산 증식의 비결은 반안에서 답을 찾는 것이다. 행운의 방향을 따질 때는 시계를 활용하는 게 간편한 방법이다. 시계의 12시 방향을 나침반의 정북에 맞추었을 때 12시 방향이 곧 자방(子方)이다. 그러면 丑은 1시, 寅은 2시, 卯는 3시, 辰은 4시, 巳는 5시, 午는 6시, 未는 7시, 申은 8시, 酉는 9시, 戌은 10시, 亥는 11시 방향으로 정해진다. '돼지, 토끼, 양'띠와 '뱀, 닭, 소'띠는 4시 방향과 반대의 10시 방향으로 움직이면 금전운이 상승한다. '범, 말, 개'띠와 '원숭이, 쥐, 용'띠는 7시 방향과 1시 방향으로 움직이면 행운을 실감하게 된다. 특히 영업직에 종사할 경우 당일의 일진(日辰)을 기준으로 반안 방향으로 이동해 보라. 어려운 계약이 쉽게 성사되는 기쁨이 있을 것이다.

Master's Tip - 14 >

당일 일진(日辰)을 기준으로 반안(攀鞍) 방위를 활용할 때는 굳이 움직일 필요도 없다. 해당 방향으로 자리 잡은 건물이나 인사에게 전화로 협조를 구해도 잘 통한다.

생년, 띠를 기준으로 반안을 활용할 때는 사주 각 글자와의 관계를 잘 살펴 취용해야 한다. 대개 형충(刑沖)이 작용하면 입고(入庫) 현상으로 오히려 불리해지기 쉬운데 입고를 면하고 개고(開庫)를 보는 경우라면 횡재수가 있다.

가장 좋은 것은 사주의 글자와 합작될 때다. 이때 동력(動力) 선후의 법칙에 따라 먼저 형충으로 상하고 다시 합작하는 수순으로 나타나면 상황의 반전을 꾀할 수 있다.

책상 배치에는 '위치'의 좌위(坐位)와 더불어 '방향'의 좌향(坐向) 또한 매우 중요하다. 즉 수험생이 책상에 앉아 바라보는 방향이 성적을 좌우한다는 얘기다. 풍수에서는 주로 8방위로 좋고, 나쁨을 말하지만, 여기서는 12방위를 기준으로 성적이 증진되는 방향을 설명한다. 결론부터 내리자면 수험생의 생년, '띠'를 기준으로 천살(天煞) 방향을 바라보는 자세로 공부하는 학생이 곧 우등생이다. 천살 방위는 총명(聰明), 수기(秀氣)의 상징하는 상관기(傷官氣)가 작동하는 거소다. '돼지, 토끼, 양'띠에 해당하면 술(戌)이 천살이고, '범, 말, 개'띠라면 축(丑)이 천살이다. '뱀, 닭, 소'띠 생은 진(辰)이 천살이고 '원숭이, 쥐, 용' 띠에게는 미(未)가 천살이다. 시계의 12시를 정북(正北)에 맞추었을 때 戌은 10시, 丑은 2시, 辰은 5시, 未는 7시 방향에 속한다. 지인의 큰 딸인 L양은 중학생으로 나름 공부를 열심히 하는데도 늘 성적이 중하위권이었다. 3학년이 되는 올해 초에 공부방과 책상 배치를 바꿨다. 닭띠인 L양에게 맞추어 진(辰)의 동동남, 천살 방향으로 시선이 향하도록 가구 배치를 변경한 게 포인트다. 최근에는 예전과 달리 학습에 강한 의욕을 보이고, 성적이 꽤 향상됐다. 눈높이를 높여 외고 진학을 목표로 삼아 학업에 몰두하고 있다는데 필자는 진학을 의심치 않고 있다. 만일 L양의 책상 배치가 천살의 반대 방향인 반안(攀鞍), 술(戌)의 방향을 보도록 돼있다면 열등생을 면하지 못한다. 천살 방향의 축선을 약간 벗어나 책상이 놓인 경우라면 소문난 수재에 미치지는 못해도 대체적으로 우수한 성적을 내는 학생으로 추리하면 맞는다.

Master's Tip - 15 >

수험생의 책상 배치가 중요함은 앞장에서도 이미 강조한 바 있다. 고액과외보다 자리 교정이 성적 향상에 더 큰 영향을 미칠 때가 많으므로 서둘러 진단하고 실제에 적용하는 게 좋다.

11. 숫자에 길흉이 담겼다

현대인들은 태어날 때부터 각종 숫자를 부여받는다. 개개인의 핸드폰 번호에 이르기까지 우리의 개별적 특징은 모두 수치화된다. 물론 시험은 그 중에서도 가장 극명한 모습을 띠는 양상이고, 우리의 시간과 공간은 그 수치로 점철된다. 어차피 피해갈 수없는 운명이라면 치열하게 부딪히고 성과를 내는 즐거움에 몰두하는 게 현명한 일이다. 명리(命理)는 세사 일반의 가치에 따라 올바르고 떳떳한 길을 가는 것을 높이 평가한다. 상궤(常軌)를 이탈하는 운명은 대개 하격(下格)의 범주로 몰아넣기 마련이다. 하지만 세상 일이 다 뜻대로 잘 될 리 만무다. 우리가 흔히 말하는 "실력은 있는데 시험운이 없다"는 사람들이 적지 않다. 애초에 실력 자체를 갖추지 못한 졸렬한 위인들의 핑계거리 정도가 아니라 최선을 노력을 다하고도 등용문에 오르지 못하는 불운한 인사들도 많은 현실이다. 동양의 운명론에 "가능한 요령껏 살라"는 말이 있다. 실패가 겹치면 새롭게 진단해서 묘수를 띄울 필요도 있는 것이다.

Master's Tip – 16 >

실생활에서 주로 쓰는 숫자에 담긴 행운과 불운 구분은 다음과 같다.

행운의 숫자는 재살(災煞)과 연살(年煞)이고, 불행을 야기하는 숫자는 장성(將星)에 속한 글자에 속하는 수다.

생년, 띠	행운의 숫자	불운의 숫자
돼지, 토끼, 양	4, 1	3
범, 말, 개	1, 3	2
뱀, 닭. 소	3, 2	4
잔나비, 쥐, 용	2, 4	1

수험생 자녀를 둔 학부모들이라면 몇 가지 역술적 조언도 귀담아들을 만하다. 보통 많은 이들이 응시하는 큰 시험의 출제 경향은 공통된 추세가 있다. 문제가 아주 어렵지도 않고, 쉽지도 않으며 기초와 원리에 충실해야만 풀기 용이한 내용이 주를 이룬다. 공부는 대개 학교 공부에 충실하여 각 과목의 기본적인 개념이나 원리, 법칙, 탐구 방법 등을 철저히 이해해야만 다양한 유형의 문제들을 해답을 구한다. 하지만 형편이나 사정이 여의치 않을 때면 단기간에 걸쳐 집중적인 학습으로도 얼마든지 효과를 본다. 결코 바람직한 방법은 아니지만, 정 시간이 급할 때는 묘수를 띄울 수도 있다. 이 방법은 시험을 앞두고 마지막 최종 정리할 때도 유용하게 활용할 수 있으니 참고하기 바란다. 결론적으로 '돼지, 토끼, 양' 띠는 교과서나 참고서를 공부할 때 끝자리가 '3'페이지,

'7'페이지에 해당하는 부분을 보다 철저히 익혀 두라. '범, 말, 개'띠는 '5'와 '0'페이지, '뱀, 닭, 소'띠는 '2'와 '8'페이지, '원숭이, 쥐, 용'띠는 '4'와 '6'페이지를 집중적으로 살펴 요약하면 이곳에서 특별히 많은 문제가 출제됨을 확인하게 될 것이다. 각 숫자의 도출은 생년을 기준으로 천살(天煞)에 속하는 글자 여기(餘氣)의 선천수(先天數)에 근거를 둔 것이다. 비단 대입 시험에만 국한할 게 아니다. 다양한 국가시험과 각종 자격시험에서도 이 방법이 통한다. 현대인들이 자격시험을 볼 때면 대개 비교적 짧은 기간 내에 전체를 총정리하기엔 부담스러울 정도의 많은 과목수와 씨름해야 한다. 보통 객관식 문제가 대부분인데 이번에는 재미삼아(?) 정답을 찍는 과외수업을 펼쳐 보겠다. 이때는 응시자의 생년보다 시험이 치러지는 해의 태세(太歲)를 기준으로 천살 여기의 선천수를 도출해 중요 숫자를 걸러 낸다. 예컨대 올해 기축년(己丑年)의 천살은 진(辰)이다. 진(辰)에는 을계무(乙癸戊)의 장간(臟干)이 각기 여기와 중기, 정기로 배속되어 있는데 이중 여기에 속하는 을(乙)의 선천수에 주목한다. 을(乙)의 선천수는 '8'인데 이를 10에서 빼거나 더한 수치, 즉 '2'와 '8'에 의미를 부여하는 것이다. 올해 각종 시험의 객관식 정답으로는 단연 '2번'이 높은 확률을 나타낼 것이다. 재차 정리하면 어느 해에 시험을 치룰 때는 천살의 여기에 속하는 선천수에 해당하는 페이지에서 시험 출제의 개연성이 높다. 또 이 숫자가 정답으로 정해질 가능성이 크다. 예컨대 올해 중요한 시험을 앞둔 잔나비 띠의 수험생이라면 공부할 때 특히 '4'와 '6'페이지를 집중적으로 정리한다. 다음으로 텍스트의 '2'와 '8' 페이지에 해당하는 부분을 꼼꼼히 살핀 다음 시험에 응하면 좋은 운을 실감하게 된다. 끝으로 정답에 확신이 서지 않는 문제의 경우에는 주로 '2번'의 답을 찍는 것이다.

Master's Tip - 17 ⋗

천살(天煞)의 여기(餘氣)에는 재관(財官)의 길신(吉神)이 작용한다. 여기에서는 천살 고유의 상관기(傷官氣)와 달리 배양(培養)의 감응(感應)과 구응(救應)의 기능이 나타난다.

12. 이사는 신중하게

이사 날짜와 이사 방위를 정하는 여러 가지 속설이 난무하는데 대개는 귀담아 들을 필요가 없는 날이다. 보통은 손(客) 없는 날을 잡아 이사를 많이 해서 이삿짐센터는 이날이 무척 바쁘다고 한다. 이를 태백살(太白煞)이라 하는데 음력 날짜를 기준으로 1, 2일은 동방에, 3, 4일은 남방에, 5, 6일은 서방에, 7, 8일은 북방에 손이 있으니 대개 손이 없다는 9일과 10일에 이사하는 경우가 많다는 것이다. 이외 삼살방이나 대장군 방위를 흉하다고 해서 절대 그곳으로 가면 안 된다고 손사래를 치는 시중 술객들이 더러 있는데 그냥 웃어넘겨 무방하다. 따져보면 정작 방위에 목숨을 거는 위인들의 십중팔구가 잘 살지도 못할뿐더러 제 팔자의 기박(奇薄)함을 면치 못한다. 제 머리를 깎지 못하면서 남 얘기할 처지가 아니란 말이다. 그런데 묘하게도 사람들이 이사를 하게 되면 동서남북 사정(四正)의 방위로 가는 경우가 드물고, 이 방위로 이사한 경우에는 얼마 지나지 않아 측면의 궤도로 위치를 다시 잡아 또 다시 이사할 때가 많다.

대체로 이사를 하게 되면 살던 집에서 동북, 동남, 서북, 서남의 네 방향으로 옮기게 됨을 발견할 수 있다. 동서남북 사정(四正)의 방향을 제외한 이들 방위는 팔괘(八卦)로 '건(乾:☰), 손(巽:☴), 간(艮:☶), 곤(坤:☷)'의 방위에 속하게 된다. 십이지(十二支)로 서북의 건방(乾方)에는 술해(戌亥)가 속하고, 동남의 손방(巽方)에는 진사(辰巳)가 속하며 동북의 간방(艮方)에는 축인(丑寅)이 서남의 곤방(坤方)에는 미신(未申)이 각기 배당된다. 이때 가주(家主)의 생년을 기준으로 '돼지, 토끼, 양'띠면 천살(天煞) 방위로는 서북의 건방(乾方)의 해당되고, 반안(攀鞍) 방위로는 동남의 손방(巽方)이 된다. 동북의 간방(艮方)은 월살(月煞) 방위에 해당되고, 서남의 곤방(坤方)은 화개(華蓋) 방위가 된다. 우선 이 같은 식으로 각자의 띠에 따라 신살(神煞) 방위를 정해둔다. '범, 말, 개'띠는 동북 간방이 천살 방위고, 서남 곤방이 반안 방위다. 동남 손방이 월살 방위고, 서북 건방이 화개 방위다. '뱀, 닭, 소'띠는 동남 손방이 천살 방위고, 서북 건방이 반안 방위다. 서남 곤방이 월살 방위고 동북 간방이 화개 방위다. '원숭이, 쥐, 용'띠에게는 서남 곤방이 천살 방위고, 동북 간방이 반안 방위다. 서북 건방이 월살 방위고, 동남 손방이 화개 방위다.

이사는 일단 반안 방위로 움직일 때가 이상적이다. 예컨대 한 집안의 주인이 돼지띠라면 동남쪽의 손방(巽方)으로 이사했을 때 건강이 좋아지고 축재(蓄財)의 발전이 이어진다. 반대로 천살 방위로 이사하게 되면 틀림없이 이전보다 더없이 좋은 환경으로 이사를 하게 된다. 이때는 비상한 발전이 따르는 동시에 집안의 어른이 별세하거나 천살 띠에 해당하는 가족이 죽는 곡절을 겪게 된다. 천살은 군왕의 자리이므로 부모님이나 윗분 어른과 함께 살 주거지가 아니다. 그러므로 이 방위로 이사할 때 가족이 떨어지는 현상을 자연스럽게 받아들이면 좋다. 이 점은 반드시 염두에 두어야 곡사(哭事)를 면할 수 있다. 자연 아랫사람이나 식솔이 늘게 되는 현상을 보게 된다.

월살 방위로 이사할 때는 십중팔구 귀인의 도움이나 혜택, 원조에 힘입어 이사한 경우다. 화개 방위로 이사할 때는 대개 형편이 좋지 않을 때다. 또 분가했다가 부모와 다시 합치는 반복되는 양상이 펼쳐진다. 이사하는 시기는 이사하는 방위에 배속된 십이지 글자의 선천수를 참작하면 묘하게 잘 들어맞는다. 선천수로 축(丑)과 미(未)는 8, 진(辰)과 술(戌)은 5에 속한다.

Master's Tip - 18 ≫

지지의 선천수는 다음과 같다.

子	丑	寅	卯	辰	巳	午	未	申	酉	戌	亥
9	8	7	6	5	4	9	8	7	6	5	4
	8			5			8			5	

13. 하루의 운기, 색깔이 지배

원래 레드카펫에서는 빨간색 의상을 입지 않았다. 붉은색 카펫에 의상이 묻히기 때문이다. 하지만 이 원칙이 2008년 무자년(戊子年) 제80회 아카데미 시상식 레드카펫에서 깨졌다. 수많은 할리우드 스타들이 세련된 레드 드레스를 입고 맵시를 뽐냈다. 이러한 추세를 따라 올해 기축년(己丑年) 국내 스타들도 레드 패션에 빠졌다. 지금은 레드 드레스가 레드카펫에서 더 많이 주목받는 것으로 생각이 바뀌었을 정도가 됐다. 한류 스타들이 주로 찾는 아시아권 국가는 대부분 중화권이다. 이 때 주로 선택하는 옷이 바로 빨간색 드레스다. 빨간색은 중화권

나라에서 행운과 부를 상징한다. 원래 중국인들은 적색(赤色)을 좋아한다. 한류 스타의 아시아 투어에는 이런 점들이 적극 고려된다고 한다. 2004년 갑신년(甲申年) 중국에서는 속옷패션까지 붉은색 열풍이 일었던 적이 있다. 그해 설날인 춘절을 맞아 선물용으로도 인기가 높아 상점마다 붉은색 속옷이 불티나게 팔려나가는 소식이 외신을 탔을 정도다. 보통 사람들은 중국인들이 워낙 빨간색에 열광하기 때문이라고 생각하며 넘어가기 쉽다.

하지만 세계적인 트렌드나 열광은 보통 오래 지속되지 않는 법이다. 불황일수록 빨간색 상품이 잘 팔린다는 속설이 있다. 레드 마케팅에는 시한이 정해져 있다는 얘기다. 배우들도 일정 시간이 지나면 한동안 레드 드레스를 찾지 않게끔 되어 있다. 그렇다면 언제 사람들이 레드에 열광할까? 역리(易理)의 이치로 보면 답이 간단하다. 신자진(申子辰), 즉 '원숭이, 쥐, 용'의 해에 사람들은 붉은색을 선호하게 된다. 적색은 오화(午火)의 색깔이다. 신자진(申子辰)년에 태어난 사람들에게 오화(午火)는 재살(災煞)에 속한다. 재살에는 정당한 부귀(富貴)를 상징하는 재관(財官)의 요소가 내포되어 있다. 그래서 재살의 색상은 곧 행운의 색이 되는 것이다. 2004년 갑신년(甲

申年)에 중국인들은 원숭이의 해에 태어난 사람이 붉은 색 속옷을 입어야 액을 몰아내고 복을 받을 수 있다는 믿음을 가졌다. 또 원숭이의 해에는 붉은색이 길하다고 생각했다. 이것은 누군가의 조언이 배경으로 작용한 게 틀림없다.

미용이나 의상 모두 행운의 색을 찾아 실생활에서 응용하면 이게 곧 개운(開運)의 비법이라 할만하다. 행운의 색상은 재살(災煞)과 반안(攀鞍)의 글자 오행(五行)의 상징하는 색이다. '돼지, 토끼, 양'띠는 흑과 백이 행운의 색이다. '범, 말, 개'띠는 흑색과 청색, '뱀, 닭, 소'띠는 청색과 적색, '원숭이, 쥐, 용'띠는 적색과 백색이 행운의 색이다. 미혼의 남녀가 선을 보러 가는 자리에는 행운의 색조로 된 화장품을 쓰고, 행운의 색상으로 된 의상을 입고 나가면 좋은 결과를 보게 된다. 교제 문제뿐만이 아니다. 시험이나 면접 등의 중대사에도 행운의 색상은 좋은 결과를 가져 온다. 최악의 색상은 장성(將星)에 해당되는 색이다. '돼지, 토끼, 양'띠는 청색, '범, 말, 개'띠는 적색, '뱀, 닭, 소'띠는 백색, '원숭이, 쥐, 용'띠는 흑색이 장성의 색상이다. 오행술(五行術)에서 색의 중요성은 더할 나위 없이 강조되는 분야다. 예컨대 쥐띠가 검은 머리를 기르고 이마를 가리면 불길한 장성의 색상 범위가 더 넓어져 액운(厄運)이 침범할 가능성이 한층 높아진 것으로 여길 정도다. 병오(丙午)생의 S씨는 엉뚱하게 머리를 붉은색으로 염색하고 다녔다. 필자가 의아해서 "염색이 너무 강렬하지 않냐?"고 물었는데도 괘념치 않는 듯했다. 말띠가 붉은 색을 선호하면 절대 운기(運氣)가 좋을 리 만무하다. 이렇게 운이 저조하면 남의 말을 원래 잘 안 듣게 되는 법이다.

Master's Tip - 19 >

행운의 색상 코드는 다음과 같이 활용할 수 있다.

보통 재살의 색상을 대표적인 길한 색깔로 보게 되는데 한해의 태세, 지지나 일진의 지지를 주동하여 해당 시기의 유행 색조를 미리 파악하거나 행운의 색을 활용할 수 있다.

띠에 따라 정해진 행운 색상과 일진의 색상을 일치시키면 최상의 하루를 만끽할 수 있다.

일진별 행운의 색상은 다음과 같다.

일진	子	丑	寅	卯	辰	巳	午	未	申	酉	戌	亥
길색	赤	靑	黑	白	赤	靑	黑	白	赤	靑	黑	白

14. 도움을 주고받는 화개의 연

동아시아 리얼리즘 문학의 거봉으로 알려진 루쉰(魯迅)의 잡문이 수록된 화개집(華蓋集)에 보면 다음과 같은 시 구절이 나온다. "운이 화개(華蓋)와 만났거늘 무엇을 또 바라랴? 감히 몸을 피하지도 못했는데 이미 부닥치고 말았네." 한 마디로 화개를 나쁜 운으로 본 것이다. 하지만 화개는 다양하고 깊은 뜻을 함축하는 말이다. 명서(命書)에 화개는 반드시 부정적으로만 묘사되어 있지 않다. 예술과 문장이 뛰어나고 반드시 독서하며 각고의 노력으로 근면성실성을 갖추었다고 말한다. 다만 성격은 괴팍함을 면키 어렵다는 것이다.

화개는 장묘(葬墓)의 뜻을 품어 속세와 등진 승도(僧徒)나 예기(藝妓)의 팔자로 종종 회자되어 왔는데 그래서인지 중국에서 화개란 곧 나쁜 운명을 뜻하면 명사로 쓰인다. 또 문어로는 옛날 왕후장상의 수레 위에 씌우는 화려한 일산(日傘)을 뜻하기도 해서 귀인을 만나면 정계에서 높은 지위를 갖기도 한다는 것이다. 화개는 끝자리인 동시에 새로운 시작의 전초에 있으므로 말미도 시초도 아닌 반복과 왕복의 뜻을 지닌다. 용띠와 개띠, 소띠와 양띠는 모두 화개에 속하는데 과거의 미진하고 어두운 역사를 회복해야할 사명을 띠고 태어나는 정해진 운명이 있다. 선대의 몰락을 말할 수 있다. 혹 부모의 상속을 받아도 그것을 지키지 못하며 다시 복구하는 식의 반복된 상황이 펼쳐진다. 열심히 공부하지만 학업이 중단되기도 하므로 휴학이나 복학 등의 중단수가 있다. 이처럼 팔자(八字)에 화개살을 지닌 사람은 대체로 행운과 불운이 교차하며 성패를 반복한다. 그러다 한판의 도약으로 크게 성공하여 탄탄대로를 달리기도 하는데 이것은 화개살이 품은 상관(傷官)과 겁재(劫財)가 인보상관(刃輔傷官)의 모양새로 조화를 이룰 때 일어나는 현상이다.

을사(乙巳) 생의 L사장은 몇 해 전 사업에 크게 실패

했으나 신축(辛丑)생의 A여인의 도움으로 재기의 발판을 마련했다. 뱀띠에게 소띠는 화개의 인연이 되는데 보통 화개에 해당하는 사람은 역량이나 능력 따위를 모아서 다시 일어설 수 있도록 조언하고 성원한다. 대체로 인연이 나쁘지 않다. 물질적인 도움이나 정신적 '홀로서기'를 지원하는 편이다. 화개에는 추상 작용과 언어 기능 등 정신적 작용을 하는 상관(傷官)의 성분이 깃든 까닭이다. 화개의 인연은 재회나 재결합하는 경우가 많다. 화개의 운을 맞이하면 대소사를 막론하고 과거의 사건이 재발되는 특징이 있다. '돼지, 토끼, 양'띠는 양, '범, 말, 개'띠는 개, '뱀, 닭, 소'띠는 소, '원숭이, 쥐, 용'띠는 용이 각각 화개에 해당하는 데 올해와 같이 소의 해에는 '뱀, 닭, 소'띠가 모두 화개의 운을 맞이한 셈이다.

화개는 월살(月煞)을 기피한다. '돼지, 토끼, 양'띠는 소, '범, 말, 개'띠는 용, '뱀, 닭, 소'띠는 양, '원숭이, 쥐, 용'띠는 개가 각기 월살에 속한다. 월살은 상궤(常軌)를 이탈하게 하는 변경의 요인이 된다. 기껏 노력하고 애쓴 화개의 결과를 헛수고로 만드는 게 월살이다. 예컨대 돼지띠가 소띠를 만나거나 소띠가 양띠를 만나면 중단수가 발동한다. 월살에는 대개 인수(印綬)와 정관(正官)이라는 성분을 공통적으로 품는데 상관손인(傷官損印) 내지 '상관견관 위화백단(傷官見官 爲禍百端)'의 시비쟁투와 분란의 위기에 놓이기 쉽다는 뜻이다. '상관견관위화백단'이라는 말은 고사의 '상관견관 위화백단(上官犬棺 衛禍百端:상관 개의 장례식 관으로 인한 위나라의 재앙은 백단에 이른다)이란 말에서 비롯된 조어(造語)다.

Master's Tip - 20 >

화개(華蓋)는 지살(地煞)과 장성(將星)으로 합작을 짓는다. 까닭에 화개의 인연은 각 띠별로 직접적인 물상 합작을 짓기 때문에 이수명리의 오자술, 인연법에서 즐겨 활용되는 주제이기도 하다. ('이표신기' 참조)

각 띠별 합작 상황은 다음과 같다.

띠별 화개 합작	합국 육신	암합 합작
돼지 + 양	木局 - 食	甲己比財財合作
토끼 + 양	木局 - 和	甲己比財財合作
범 + 개	火局 - 食	丙辛比財殺合作
말 + 개	火局 - 和	丙辛比財殺合作
뱀 + 소	金局 - 財	丙辛殺刃食合作 戊癸印傷殺合作
닭 + 소	金局 - 和	
잔나비 + 용	水局 - 食	戊癸殺刃財合作
쥐 + 용	水局 - 和	癸戊刃殺財合作

15. 중개하고 주선하는 역마의 연

사주(四柱)에 역마(驛馬)가 있으면 보통 두 가지 상황이 일어난다. 귀인의 역마는 움직일수록 발전하고, 범인의 역마는 바쁘게 떠돌며 고생하는 경우가 많다. 신명부(身命賦)에 이르길 "말이 재향(財鄕)에 달리니 나감이 맹호와 같다"고 했고, 조미론(造微論)에 "말머리에 검을 가지고 있으니 위력이 변방에 떨친다"고 했다. 이 말은 역마는 길할 수도 있고 흉할 수도 있음을 뜻하는 얘기다. 역마에는 대개 손에 넣을 재물과 심신의 고통 둘 다를 암시하는 재살(財殺)의 성분이 담겨 있는 까닭이다. 한편 역마가 충(沖)을 당하면 채찍을 가한 것과 같고, 합(合)

을 만나면 발을 묶은 것과 같다"는 설명도 있다. '돼지, 토끼, 양'띠가 뱀을 보면 역마가 있는 것이다. '범, 말, 개'띠는 원숭이, '뱀, 닭, 소'띠는 돼지, '원숭이, 쥐, 용'띠는 호랑이가 각각 역마에 해당한다. 이때 뱀띠가 돼지를 보거나, 범띠가 원숭이를 보면 칠살(七煞)의 위력이 강해 관재구설(官災口舌)의 화(禍)가 침범할 우려가 깊다.

Master's Tip - 20 ➢

역마(驛馬)와 망신(亡身)의 글자는 공망(空亡) 여부를 살펴 취한다. 이 글자에 공망이 들면 재록(財祿)이 헛되기 쉬운 까닭이다.

공망은 다음과 같다.

생년이 甲子, 乙丑, 丙寅, 丁卯, 戊辰, 己巳, 庚午, 辛未, 壬申, 癸酉에 속하면 공망이 戌과 亥.

생년이 甲戌, 乙亥, 丙子, 丁丑, 戊寅, 己卯, 庚辰, 辛巳, 壬午, 癸未에 속하면 공망이 申과 酉.

생년이 甲申, 乙酉, 丙戌, 丁亥, 戊子, 己丑, 庚寅, 辛卯, 壬辰, 癸巳에 속하면 공망이 午와 未.

생년이 甲午, 乙未, 丙申, 丁酉, 戊戌, 己亥, 庚子, 辛丑, 壬寅, 癸卯에 속하면 공망이 辰과 巳.

생년이 甲辰, 乙巳, 丙午, 丁未, 戊申, 己酉, 庚戌, 辛亥, 壬子, 癸丑에 속하면 공망이 寅과 卯.

생년이 甲寅, 乙卯, 丙辰, 丁巳, 戊午, 己未, 庚申, 辛酉, 壬戌, 癸亥에 속하면 공망이 子와 丑.

역마는 오가며 소문을 낸다. 그래서인지 중매인은 보통 역마의 띠에 해당하는 사람일 때가 많다. 또 취업이나 알선 등의 중간 역할자도 역마의 인연이다. 인생에서 중대사를 발생시키는 인연 또한 역마의 띠에 해당하는 사람이다. 분쟁 해결의 실마리는 역마의 인연이나 역마의 시점에 풀리게끔 되어 있다. 예를 들어 올해와 같은 소의 해, 축년(丑年)에 발생한 일은 역마에 속하는 돼지, 해월(亥月)부터 문제가 해결되기 시작한다. 송사에 휘말렸을 때는 역마 띠의 변호사를 만나야 사태 수습에 도움이 된다. 언젠가 부부의 이혼 문제로 상담한 J여인이 있다. 그녀는 이혼하게 된 주된 책임이 남편에게 있는데도 위자료를 받지 못해 전전긍긍 어려운 생활을 하고 있었다. 필자의 지인 중에 범띠의 이(李)씨 성을 가진 변호사를 소개해 오랜 기간 끌어온 위자료 문제를 해결해 준

적이 있는데 갑신(甲申)생의 돼지띠인 그녀에게 이변호사는 역마의 띠가 되므로 도움이 된 것이다. 왜 하필 수많은 성씨 중에 이(李)씨를 소개했는가 하면 성의 획수가 칠(七)획으로 뱀띠, 인(寅)의 선천수(先天數)인 7에 해당하는 까닭이다. 십이지(十二支)의 선천수는 다음과 같다. 자(子)와 오(午)는 9, 축(丑)과 미(未)는 8, 인(寅)과 신(申)은 7, 묘(卯)와 유(酉)는 6, 진(辰)과 술(戌)은 5, 사(巳)와 해(亥)는 4로 정해진다.

절대 절명의 위기에서 구해 주는 인연은 장성(將星)의 띠를 가진 사람이다. 장성은 이름을 듣기만 해도 위엄이 있다. '돼지, 토끼, 양'띠에게는 토끼띠가, '범, 말, 개'띠에게는 말띠가, '뱀, 닭, 소'띠에게는 닭띠가, '원숭이, 쥐, 용'띠에게는 쥐띠가 각각 장성의 인연이 된다. 복잡한 법적 문제로 시달리거나 송사에 연루되면 장성의 띠에 해당되는 변호사를 찾아 해결을 시도하는 게 좋다. 사경을 헤매는 사람을 치료해 준 사람은 거개 다 장성의 띠에 속하는 의사다. 뱀띠 며느리는 닭띠 시어머니에게 머리를 숙이게 되어 있다. 범띠 남편은 말띠 아내를 이기지 못한다. 장성과 역마는 궁합이 맞지 않는다. 예컨대 뱀띠가 가장인 가정에 부인이 닭띠고 큰딸이 돼지띠면 집안에 시끄러운 소리가 멈추지 않기 십상이다. 이때는 보통 육해(六害)의 띠가 조정 역할을 한다. 육해에는 장성의 인(刃)과 역마의 재(財)를 소통하는 식상(食傷)의 기(氣)가 작동하기 때문이다. '돼지, 토끼, 양'띠에게는 말띠가, '범, 말, 개'띠에게는 닭띠가, '뱀, 닭, 소'띠에게는 쥐띠가, '원숭이, 쥐, 용'띠에게는 토끼띠가 각각 육해의 띠에 해당한다. 마주 보는 사람을 육해의 방향에 앉혀보라. 상대는 당신을 무한 신뢰하는 눈빛을 보낼 것이다.

Master's Tip - 21 >

1.

상대를 압도하는 자리 선점 : 재살을 등지고 장성 방위를 바라본다.

이러한 자리 배치는 상대로 하여금 부귀한 자가 칼을 든 위엄까지 갖춘 느낌을 들게 한다.

2.

상대를 유혹하는 자리 선점 : 연살을 등지고 육해 방

위를 바라본다.

이러한 자리 배치는 상대로 하여금 지성이 높은 위인이 뛰어난 언변을 갖춘 느낌을 갖도록 한다.

16. 받들고 모시는 도화의 연

명리(命理)에서 도화(桃花)는 함지(咸池)로 표현하기도 한다. 도화는 주로 주색(酒色)과 관련이 많은데 보는 법이 이렇다. '돼지, 토끼, 양'띠가 쥐의 자(子)를 보거나, '범, 말, 개'띠가 토끼의 묘(卯)를, '뱀, 닭, 소'띠가 말의 오(午)를, '원숭이, 쥐, 용'띠가 닭의 유(酉)를 보면 이를 일러 도화 혹은 연살(年煞)이라 말한다. 도화가 흉하게 작용하면 주색에서 헤어나지 못하므로 남녀의 음욕(淫慾)으로 설명되는 경우가 많다. 또 여기에는 장리(牆裡) 도화와 장외(牆外) 도화를 가려 설명하는 법수가 있기도 한데 팔자(八字)의 연월(年月)에 도화가 있으면 장리 도화라 하고, 시(時)에 도화가 있으면 장외 도화로 구분한다. 장리 도화는 부부가 사랑하고 아껴주므로 해가 되지 않지만, 장외 도화에 속하면 만나는 사람마다 다 노리개를 삼을 수 있으니 불길하게 보는 것이다. 봉건시대에는 여자 팔자에 도화가 끼어 있으면 남자 집안에서 가장 금기의 대상으로 삼았을 정도다.

Master's Tip - 22 >

1.

이수명리의 신살론 키워드는 합작(合作)이다. 가령 사주에 도화가 있는 것만으로는 특별한 의미가 없으며 이 글자가 겁살(劫煞)과 합작되거나 혹은 반안(攀鞍)과 합작될 때 현상으로 나타나는 증험된다는 사실을 강조한다.

연살(年煞)이 겁살과 합작되면 재능이 원수가 되어 겁탈당하는 불행을 초래하고, 연살이 반안과 합작되면 재능을 인정받아 스타덤에 오르는 큰 행운을 실감한다. 따라서 도화 한 글자로 길흉을 말해 온 통설에 별반 의미를 부여하지 않는다.

2.

오자술의 인연법에서도 합작 상황을 응당 중시한다. 가령 뱀띠생의 CEO가 말띠의 부하 직원을 두었을 경우 巳와 午에는 암합(暗合)의 합작 상황이 나타나지 않는다. 이때 뱀띠가 술시에 태어났다면 말띠의 인연을 午戌의 연반합작(年攀合作)으로 사장의 신분 상승에 기여하기 쉽다.

임인(壬寅)생의 K사장은 계묘(癸卯)생의 여비서와 10년이 넘도록 호흡을 맞추며 일해 왔는데 비서에 대한 만족도가 높다. 범띠에게 토끼띠는 곧 도화의 인연이기 때문이다. 이 사람은 궂은일을 도맡아 하고 끈기가 있다. 도화를 인사(人事)로는 시녀나 궁녀에 비유한다. 궁녀가 궁궐에 들어가면 가족과 이별하고 적조(積阻)해지기 마련이다. 끊임없이 반복되는 시중 등으로 고단하지만 운이 좋아 일약 발탁되면 후궁 자리라도 얻게 된다. 즉 지루해도 참고 견디면 일약 스타덤에 오를 수도 있다는 얘기다. 간간이 행하 돈이 생기기도 하는 자리인데 혼자 독식하지는 못하는 처지다. 그래서 팔자에 도화가 있으면 줄 것은 주고, 받을 것은 받는 깔끔한 기질을 품게 된다. 실리를 추구하기 위해서는 웬만한 수모를 감수해야 하고

민첩한 행동과 센스를 갖춘다. 또 수련을 통한 전문적 지식을 갖게 되는데 도화에는 인수(印綬)의 성분이 함유되어 있기 때문이다. 도화는 월살(月煞)을 두려워한다. 월살에는 재극인(財克印)하는 재(財)의 요소가 작동하는 까닭으로 사주(四柱)에 도화와 월살이 다 있으면 명리 용어로 탐재괴인(貪財壞印)의 불리한 상황이 전개되기 쉽다. 탐재괴인이란 한 마디로 재를 탐하다 본분을 잃는다는, 즉 두 마리 토끼를 쫓다 한 마리도 잡지 못하는 것을 뜻하는데 투기 등으로 어려움을 겪는 경우가 많다. 여자는 대개 난산(難産)으로 고생하고 심하면 애기를 낳고 숨지는 불운에 이를 때가 있다. 이 둘의 관계에는 방해의 요소가 작용한다.

긴급히 돈이 필요한 경우에는 월살의 띠에 해당하는 사람에게 부탁하여 금전을 융통하면 문제를 풀 수 있다. 월살에는 문서의 인수(印綬)와 재물의 재성(財星), 두 가지 성분을 함유되어 있으므로 이야기가 통할 가능성이 높다. 또 상대에게 예전에 얼마간 베풀어 둔 공이 있는 인연이기 쉬우므로 거북한 채권관계가 잘 성립되지 않는다. 한번 정도는 형편을 봐주는 거래란 뜻이다. 소띠와 양띠, 용띠와 개띠의 거래는 대개 '주고, 받는' 식의 관계일 공산이 크다. 월살은 글자 그대로 밤길에 달빛을 만난 격과 같다. 월살의 인연은 대개 자비가 있다. 후일 채무를 변제하지 못할 처지에 놓여도 여타의 방도로 고통스럽지 않게 은혜에 보답할 수 있다는 얘기다.

끝.